Mgr A. HACQUARD

Vicaire Apostolique du Sahara et du Soudan français

Monographie

DE

TOMBOUCTOU

1900

SOCIÉTÉ DES ÉTUDES COLONIALES & MARITIMES

Rue de l'Arcade, 18 — PARIS

MONOGRAPHIE

DE

TOMBOUCTOU

Mgr A. HACQUARD

Vicaire apostolique du Sahara et du Soudan français

MONOGRAPHIE

DE

TOMBOUCTOU

Accompagnée de nombreuses illustrations

et d'une

Carte de la région de Tombouctou

dressée d'après les documents les plus récents

PARIS

SOCIÉTÉ DES ÉTUDES COLONIALES & MARITIMES

16, RUE DE L'ARCADE, 16

1900

AVANT-PROPOS

La MONOGRAPHIE DE TOMBOUCTOU fait partie d'une série d'études que la *Société des Etudes Coloniales et Maritimes* se propose de publier dans le but de faire connaître, surtout aux classes laborieuses qui l'ignorent encore, la valeur des différentes parties de notre nouveau domaine colonial ainsi que l'importance des sacrifices qui ont été faits pour les soumettre à notre influence. Elle espère y parvenir à l'aide de publications à la portée de tous, donnant des renseignements exacts sur le sol, le climat, les richesses naturelles de chacune d'elles et décrivant les origines, les mœurs et les aptitudes des populations indigènes.

Des circonstances particulièrement douloureuses ont appelé l'attention du pays tout entier sur la mission Marchand, on se souvient de la profonde émotion et de l'enthousiasme avec lesquels tous ses

membres furent accueillis à leur retour. Le
récit de la conquête de chacune de nos
colonies africaines montre que dans les
autres entreprises coloniales, auxquelles
ils ont pris part, nos officiers et nos soldats
se sont toujours montrés les dignes émules
de leurs camarades de la mission Congo-
Nil et que chacun d'eux, dans sa sphère
d'action, a fait preuve au plus haut point
d'intelligence, de bravoure et d'abnégation.

La Monographie de Tombouctou est
l'œuvre de l'homme qui connaît le mieux
le Soudan français où il a vécu de longues
années.

Mgr Hacquard est né en Lorraine en
1860; il a opté pour la France après l'an-
nexion et s'est engagé en 1884 dans la
Société des Pères-Blancs fondée par le
Cardinal de Lavigerie.

Compagnon d'Attanoux dans son voyage
chez les Touareg, il fut sollicité par le
lieutenant de vaisseau Hourst à l'accompagner dans sa mission sur le Niger.

Le lieutenant de vaisseau Hourst avait
compris qu'un homme tel que Mgr Hacquard, familiarisé déjà avec les mœurs et
les coutumes des Touareg et possédant

les différentes langues et dialectes en usage parmi les populations du Soudan, devait lui être d'une très grande utilité pour la réussite de l'œuvre difficile qui lui était confiée.

Mgr A. HACQUARD

Par la hauteur de ses vues, la droiture et l'énergie de son caractère et sa connaissance parfaite des tribus avec lesquelles la mission eut à prendre contact, Mgr Hacquard fut pour elle un conseiller et un auxiliaire des plus précieux.

Plusieurs concours aussi aimables que désintéressés nous ont permis d'accompagner d'illustrations le texte de Mgr Hacquard.

La maison Hachette nous a très gracieusement prêté plusieurs clichés du *Tour du Monde* ; — le Comité de l'Afrique Française a mis à notre disposition un plan de Tombouctou et plusieurs autres clichés intéressants ; — enfin un jeune dessinateur de talent, fils d'un des plus sympathiques et des plus dévoués membres du Bureau de la *Société* nous a donné une série de croquis en se servant de photographies et de documents rapportés par divers explorateurs.

Janvier 1900.

MONOGRAPHIE DE TOMBOUCTOU

PREMIÈRE PARTIE

GÉOGRAPHIE PHYSIQUE

1º Situation géographique et description de la ville de Tombouctou

Située par 16º 43' de latitude Nord et 5º de longitude Est, la ville de Tombouctou est bâtie sur les deux flancs d'une dune dirigée Est-Ouest, et sur la pente méridionale d'une seconde dune parallèle à la première et au Nord de celle-ci.

La forme générale de la ville est celle d'un triangle ayant sa base au Sud. Elle est divisée en un certain nombre de quartiers habités jadis par des populations différentes d'origine, mais aujourd'hui cette distinction s'est en partie effacée.

Au Sud, de l'Ouest à l'Est : Djingerey-ber (la grande mosquée), Yobou-ber (le grand marché), Alfasin-kounda (quartier des Marocains de

Fez), Sirfi-kounda (quartier des Cheurfa), Bame (entrée de la ville), Sarey-keyna (petit cimetière) ;

Sur la croupe de la dune : Tjefer-kounda (quartier des infidèles), Wangara-kounda (quartier des gens de Wangara), avec Sidi-Yahya (mosquée de Sidi-Yahya) et Yobou-keyna (petit marché) ;

Sur la pente septentrionale : Badjindé (Bañga-djindé : marigot des hippopotames), Saney-Goungou (l'île des Arabes du Nord), Tombouc-tou-Koy-Batouma (cour du chef de Tombouctou) et Biti-Batouma ;

Sur la pente méridionale de la deuxième dune : Birinka-kounda (Biri-koutour-kounda : quartier des rôtisseurs de pieds de mouton), Albarradjou (l'hôtellerie) Taka-boundou, Sankore (mosquée), Sourgou-kounda ou Belle-Farandi (quartier des Touareg ou des esclaves des Touareg).

La ville possède trois mosquées, sans compter les oratoires particuliers. Celle de Djingerey-ber, au Sud-Est, fut bâtie au XIe siècle par un marabout (alfa) du nom de Alkali-Alakib (Alakoum); les cintres qui supportent la terrasse sont assez remarquables ; ils sont en pierres blanches, jointées à l'argile, mêlée à la farine rose du fruit du baobab.

Sankore, au Nord, construite vers la même époque par les soins d'une femme riche, est moins vaste que Djingerey-ber ; le sable qui l'a envahie à l'intérieur ne laisse plus émerger que les cintres.

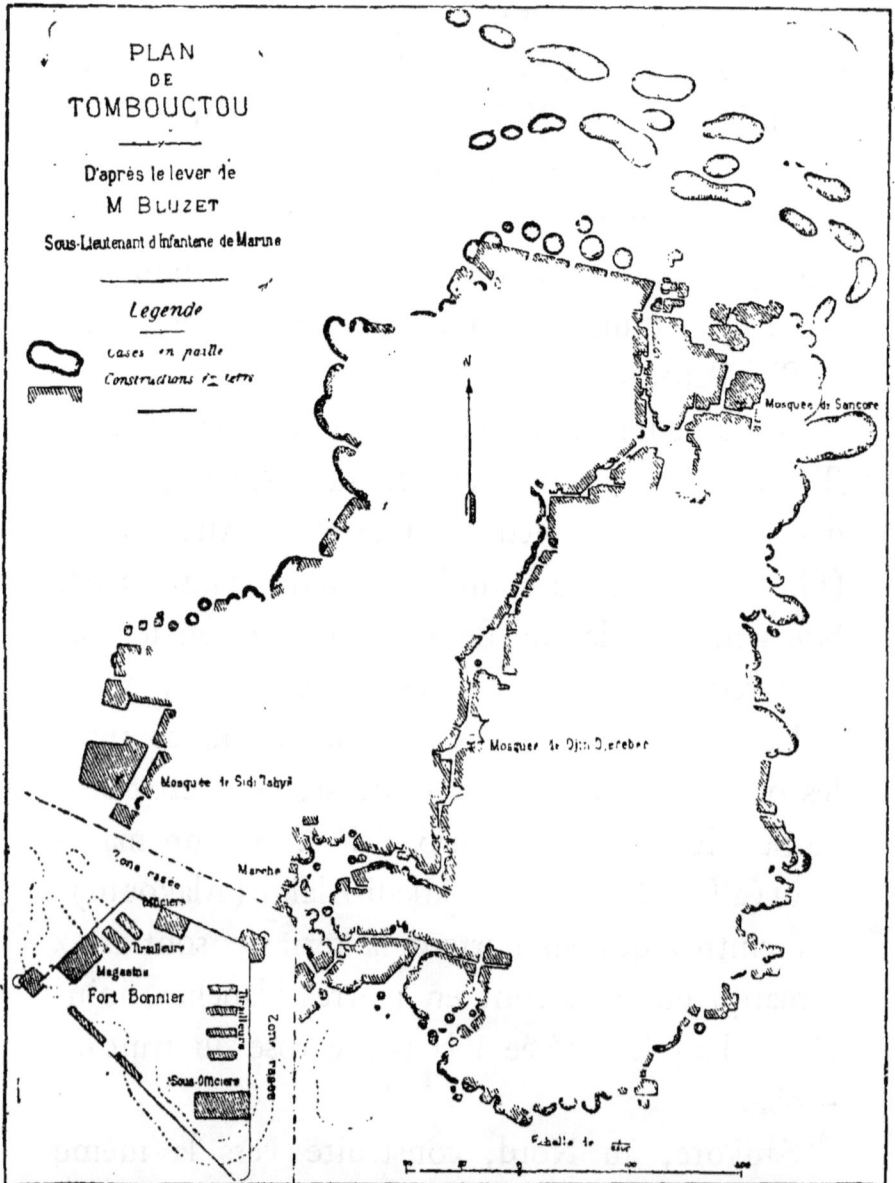

Enfin, au centre de la ville, la petite mosquée de Sidi-Yahya, également ensablée, fut élevée au

xve siècle par Omar, gouverneur de Tombouctou, pour le roi de Gao (Gogo).

L'aspect intérieur de ces monuments est misé-
rable ; l'extérieur, à peine entretenu, laisse voir les
assises de briques rondes et de pierres dont le mortier a disparu sous les pluies de l'hivernage.

Cet air délabré n'est pas le seul partage des
mosquées ; certains quartiers : Youbou-keyna,
Biti-Batouma, se distinguent entre tous par leurs
ruines. Pourtant, depuis l'occupation française,
bien des habitants, qui s'étaient enfuis à cause des
vexations des Touareg, reviennent peu à peu et
relèvent leurs maisons tombées en ruines. Par les
soins des officiers, commandants du Cercle de
Tombouctou, les cases en paille, si nombreuses
encore, font place à des constructions en terre.

Quand, arrivé à Kabara, le voyageur gravit la
première dune, il aperçoit au loin vers le Nord,
se détachant sur le fond gris du ciel, une longue
masse sombre d'où émergent deux minarets. Plus
il avance sur la route, sillonnée de caravanes
d'ânes et de chameaux, au milieu de maigres
mimosas, plus aussi cette masse sombre se dé-
taille, se fouille ; il distingue les minarets secon-
daires, au milieu desquels surgit un clocher blanc
surmonté d'une croix de fer : c'est l'église de la
mission des Pères Blancs établis à Tombouctou
depuis le mois de mai 1895. A l'Ouest, une

vaste enceinte apparaît au premier plan, au pied de la grande mosquée : c'est le fort Bonnier où est casernée l'infanterie.

En entrant en ville on se trouve sur le marché, vaste rectangle dont trois côtés sont bâtis en galeries où se tiennent les vendeurs avec leurs marchandises. Cette construction est récente. Jusqu'en 1896, le marché consistait en une plus ou moins grande quantité de petites cases en paille et d'abris en nattes, sur une place assez étroite. Bon nombre de commerçants vendaient dans leurs maisons et dans les maisons des ruelles voisines.

La pierre faisant défaut à Tombouctou, les habitations sont construites avec des briques ou poignées d'argile séchées au soleil. L'architecture en est simple ; et pourtant certaines demeures présentent un aspect relativement agréable à l'œil : la façade est flanquée de gros piliers, et, lorsque la maison possède un étage, celui-ci est également orné de petites colonnes entre lesquelles s'ouvrent les fenêtres finement travaillées et de style mauresque.

Pour nous rendre compte de la distribution intérieure d'une maison, pénétrons dans l'une d'elles. Après avoir heurté l'anneau de fer de la porte, ou bien appelé le maître du logis, nous déclinons nos noms et qualités à l'esclave chargé de la porte, et on nous ouvre. Cet interrogatoire et ces formalités sont un reste de la défiance inspirée jadis par les Touareg. Nous entrons d'abord dans une première pièce dite *sifa*. Là se tiennent quelques esclaves et même parfois leur maitre ; là aussi se font les visites ordinaires. Souvent encore, derrière ce vestibule il en existe un second réservé également aux visites. Ce vestibule donne accès dans une cour intérieure plus ou moins vaste et entourée par les chambres particulières des femmes. Dans la cour, les esclaves pilent le mil, écrasent le blé ; les femmes libres filent le coton, surveillent la cuisine et reçoivent les visites. A moins d'être intime, on n'est guère admis dans la cour.

Dans le premier ou le deuxième vestibule, un escalier conduit aux terrasses sur lesquelles s'ouvrent deux ou trois appartements formant ainsi un étage. C'est le lieu de réception pour les amis ou les personnages de marque. Mais il ne faudrait pas croire que toutes les maisons possèdent cet étage ; il n'y en a guère que le tiers qui en soit pourvu. Quelques rares demeures ont deux cours dont la plus retirée sert aux esclaves et à la basse-cour.

Tel est le plan général, mais non universel, des constructions de la ville ; il va sans dire que la fortune du propriétaire le modifie en mieux ou en pis, et les plus pauvres habitants n'ont que

La grande Mosquée

des cases en paille ; les esclaves Touareg du quartier de Belle-Farandi n'ont souvent que des tentes en cuir très basses.

Le mobilier se compose des ustensiles de cuisine, de calebasses et parfois de caisses en bois où l'on met les vêtements et les objets de valeur : argent ou bijoux. Le lit consiste en une paillasse et quelques couvertures étendues sur une natte ou sur un kara, sorte d'estrade en bois ou en terre. Des coussins, des nattes meublent les divers appartements ; de riches couvertures de laine multicolores forment des cloisons, des abris, des tapis.

Enfin les commerçants réservent quelques chambres pour en faire leur magasin.

2° Hydrographie

Le fleuve, « l'âme et le cœur du Soudan », le Niger, prend sa source au Nord de la République de Libéria, au mont Kokonaute. Il se dirige d'abord au Nord-Est, jusqu'à Tombouctou ; là, il s'infléchit vers l'Est, et aux environs de Gao (Gogo) il court vers le Sud-Sud-Ouest pour se jeter dans le golfe de Bénin. Il prend différents noms suivant les contrées qu'il traverse : Djoliba (fleuve des Griots, chanteurs publics), en pays

Bambara ; Isa, en pays Soñgoy ; Egherreo, chez les Touareg.

Ses principaux affluents sont : sur la rive droite, le Bani (petit fleuve) venant du Sud et se jetant dans le Niger, à quelques centaines de mètres en aval de Mopti, à Isa-Ka (arrivée du fleuve); sur la rive gauche, la rivière de Sokoto et la Bénoué. Au Nord du confluent du Bani on rencontre une immense dépression, le lac Débo, d'où émergent quatre montagnes ou rochers : le mont St-Charles, au Sud; le mont St Henri, dans le Nord-Est ; entre ces deux monts, au milieu du lac, le rocher Marie-Thérèse (1) ; enfin, au Nord, la montagne de Gourao, du nom du village qui est au pied.

Le Niger entre dans le lac par de nombreuses embouchures dont les deux principales sont le Diaka, à l'Ouest du mont St-Charles en venant de Diafarabé, au Sud de Mopti; et l'autre à l'Est est simplement nommée « le fleuve » (Isa).

Du lac, le fleuve sort par deux branches : à l'Ouest, l'Isa-ber, passant près de Soumpi, alimente une série de lacs sur sa rive gauche : Tenda, Kabara, Soumpi, Takadji, Gawati, Horo, Fati. A hauteur du lac Horo existe un barrage difficile

(1) Ces noms de St-Charles, de St-Henri et de Marie-Thérèse ont été donnés à ces montagnes par René Caillé.

à franchir aux basses eaux, il a nom Tondiforma
(le balancement sur la roche) ainsi appelé probablement à cause de l'effet produit sur les pirogues au passage ; à l'Est, le Bara-Isa arrosant
Saraféré (Faramkoyra-Sarafereng) où vient aboutir
un marigot, le Koli-Koli, issu du Niger, au Nord
de Mopti et formant, dans l'Est du lac Débo, le
lac de Korienza.

Le Bara-Isa et l'Isa-ber se rejoignent à la pointe
d'Isa-Fey (partage du fleuve) au Sud d'El-Oualidji. Au Nord de ce point le Niger, devenu
simplement Isa, forme la grande île de Koura, et
dans l'Ouest une infinité de marigots arrosant
un grand triangle dont la base serait Goundam-
Tombouctou et le sommet El-Oualidji. Ces différents canaux alimentent les lacs Télé, Faguibine (Fangabina), les deux Daouna (Daouna-ber
et Daouna-ajine) au Sud de Faguibine.

Après s'être ainsi épanché à l'Ouest, le fleuve
prend la direction de l'Est et passe à 15 kilomètres
au Sud de Tombouctou. A la saison des pre-
mières crues, un marigot sort du Niger au lieu
dit Koroyome (la bouche des hyènes) ou Hadji-
Tafey (l'herbe Hadji partage le fleuve) près du
village de Djeygalia (caverne des voleurs) ; il se
dirige parallèlement au Niger qu'il rejoint ensuite
en s'inclinant vers l'Est-Sud-Est ; à 10 kilomètres
de Tombouctou, il atteint le lieu dit Day.

Tombouctou vu d'une terrasse

Un canal creusé jadis par un roi Soñgoy de Gao, puis élargi par Ahmadou-Cheïkou, roi foulane, amène l'eau de Day à Kabara (7 kilomètres de Tombouctou).

Aux grandes crues, pendant que les contrées situées entre Soumpi et Goundam sont couvertes d'eau, ne laissant apparaître que le faîte des dunes sur lesquelles sont construits les villages, la plaine, de Kabara à Djeygalia, est également envahie. L'inondation se fraye un passage (1) à l'Est de Kabara et s'avance à travers les dunes souvent jusqu'à 300 mètres de Tombouctou.

C'est ainsi que Tombouctou possède quatre ports : Koroyome, de mai en septembre ; Day, de septembre en novembre ; Kabara, de novembre en avril. Tous les trois ans en moyenne, Tombouctou même devient port de débarquement et d'embarquement, en janvier et février. L'inondation a atteint la ville pour la dernière fois en janvier 1895 ; en 1896, l'eau n'est pas entrée dans le chenal qui l'amène ; de même en 1897 ; en 1898, elle est venue jusque derrière Kabara, emplir à peu près la mare de Hariboro.

(1) Autrefois ce passage était à l'Ouest : l'eau arrivait en grande quantité à Tombouctou, inondant alors l'un des quartiers, Badjinde, (d'où son nom), et coupait la ville en deux parties. Cette trouée a été comblée par les Soñgoy. C'est aujourd'hui la dune d'Amadia.

Autour de la ville, des mares naturelles ou artificielles fournissent l'eau aux habitants ; mais ces *bangou*, suivant les crues du fleuve, en ont les inconvénients ; en 1898 elles ont été presque à sec et l'eau qu'elles fournissaient était à peine buvable. Un essai de puits, fait en 1896 par l'autorité française, n'a pas réussi ; en 1897, les Pères Blancs ont creusé deux puits, bâtis en briques cuites, et qui donnent suffisamment d'eau potable.

3º Orographie

Nous aurons tout dit sur cette question lorsque nous aurons signalé, entre chacun des lacs de la rive gauche, des plateaux ferrugineux d'une altitude moyenne de 90 à 100 mètres. A l'Est du Faguibine et du Télé règne une longue chaîne de montagnes visible parfois de Tombouctou, par un effet de réfraction de la lumière. La contrée tout entière n'est accidentée que par des dunes de sable : c'est le commencement du désert.

4º Climat et Météorologie

Le climat de Tombouctou est relativement sain, parce qu'il est sec. Toutefois, il y a une saison pluvieuse, dite d'hivernage. Elle commence en juin et se termine en octobre. La quantité d'eau tombant chaque année ne dépasse pas 250 millimètres, le nombre des orages ou tornades étant de 15 à 20 en ces quatre mois.

La température varie, dans l'année, de +50° à +4° centigrades à l'ombre; les mois les plus chauds sont mai et juin, et les plus froids décembre et janvier.

Le vent d'Est règne assez régulièrement d'octobre en avril; puis il passe à l'Ouest, partageant ainsi l'année en deux parties bien distinctes et presque égales. La cause en est que, d'avril en octobre, le Sahara s'échauffe fortement sous les rayons plus directs du soleil et agit comme centre d'aspiration. Au contraire, d'octobre en avril, l'action du Sahara s'affaiblit; les contrées situées au Sud de Tombouctou et l'Océan lui-même s'échauffent à leur tour, le centre d'attraction se trouve déplacé vers le Sud.

Ces vents sont réguliers, l'absence de montagne en est la cause. De temps en temps le siroco qui, ici, souffle au Nord, vient embraser l'atmosphère, mais sans avoir la violence ni la durée de celui qui souffle en Algérie.

Les nuages, probablement transportés par les vents contre-alizés ou vents supérieurs, suivent généralement une direction opposée à celle des vents régnants.

Une Maison de Tombouctou,
Une Rue,
Le Cercle des Officiers.

Les orages viennent tous du Nord-Est, de l'Est
et du Sud-Est. Ceux du Nord-Est sont les plus
violents; ils produisent souvent des dégâts consi-
dérables dans la ville, en renversant les murs dé-
trempés par la pluie. Le plus fort orage observé
depuis quatre ans fut celui du 30 juillet 1898 ; il
donna 63 millimètres d'eau.

5⁰ Flore

La flore de Tombouctou est pauvre et rabou-
grie : c'est la végétation désertique qui commence ;
les plus beaux arbres ne dépassent guère 5 à 6 mètres.

Signalons parmi les plus grands : différents
acacias, bisou, albarkantegna, bani, aworwor-ka-
san, kardji-korey; les hore et les kabegna à fleurs
très odorantes; les hasou; les tendja-boundou;
les jujubiers (dareygna); les hiraw (salvadora per-
sica) au fruit piquant comme le poivre et dont les
racines servent à faire des cure-dents; les baran-
sam, beaux arbres à larges gousses, sur les rives
du marigot de Kabara à Tombouctou ; le diney-
gna, prune du Soudan dont un seul représentant
se trouve dans la mare de Kamsi, à l'ouest de la
ville; les dattiers (gorboy-mousoukourou); les

gorboy-homo aux longues épines vertes et aux
fruits amers dont les enfants sont très friands;
un seul palmier de la Thébaïde ou palmier four-
chu; de nombreux palmiers nains sur les bords
de l'inondation.

Parmi les arbrisseaux et les herbes, il faut nom-
mer les tourdjia (asclepia gigantea) dont le bois
sert à la fabrication de la poudre; les assanna;
les touritouri; les berre; les touri-ferre; les bou-
boure. Les graminées sont bien représentées;
citons : les daney (pennisetum distychum), glou-
teron dont les graines, munies de dards très aigus,
s'attachent aux vêtements et à la toison des troupeaux, entrent dans la peau et y produisent des
piqûres douloureuses : sa graine sert de nourriture
aux pauvres. Des plantes grimpantes : les hanoum
dont le fruit, *gao,* est amer; les lilidji; les loum-
ba-loumba qui s'accrochent aux arbres; une sorte
de gui, le hawatou, pousse sur les bissow et les
assanna.

Parmi les petites herbes remarquons : les ganda-
taso, dont le fruit vert renferme un lait blanc qui
lui donne le goût de la noisette; les alladjer-
kardji, sorte de chardon à longues épines dont la
piqûre est réputée mortelle, etc.

La végétation aquatique est très luxuriante aux
environs de Kabara : les nénuphars blancs; les
bourgou, fourrage excellent à graines comestibles

et dont la tige rouge renferme un suc dont on fabrique une boisson rafraîchissante et des bonbons très sucrés.

Les provinces voisines, le Kissou et le Killi, sont plus riches en grands arbres : baobab (kogna); douey; lianes à caoutchouc (lindjigna); roniers, etc.

Pour les plantes cultivées nous renvoyons à l'article « Productions ».

6o Faune

La brousse est assez bien peuplée; on y rencontre : le lion (gandji-haya ou goun) sans crinière du Sénégal venant visiter de temps à autre les troupeaux de Kabara et de Tombouctou; la panthère (mar); le guépard (gandji-mousi); la hyène (koro) et le chacal (djongo), qui rôdent toutes les nuits aux environs de la ville et souvent même y pénètrent. Les antilopes (bese), les gazelles (djer) sont très communes et de variétés très diverses; les sangliers ou phacochères (binka); les singes (fom); et, aux environs de Goundam, les girafes (boure); sur la rive droite du fleuve, les éléphants (tarkounde) et les rhinocéros (hillifo) sont abondants; les hippopotames (bañga), les

Un carrefour de Tombouctou

lamantins (ayou) habitent le fleuve et les marigots.

Parmi les petits mammifères nous trouvons : le lièvre (tabay); le rat palmiste (koro-sinkara); le hérisson (nkougouni); la gerboise (tendjela); les rats et les souris (ntjom); les chauves-souris (tafirfir); et, parmi les sauriens : le caïman et le crocodile (karey); le varan, le lézard de sable, le gecko, les caméléons. La vipère cornue et quelques autres représentent le genre ophidien.

Le monde des oiseaux est très varié et très abondant : le petit sénégalais rouge ou noir, les moineaux, les perruches vertes ou grises, les merles, les guépiers, les perdrix, les pigeons et tourterelles, les martinets, les chouettes et effraies, les canards gris ou noirs, les sarcelles, les bécasseaux, les pintades, les aigrettes, les corbeaux entièrement noirs ou au col blanc, les vautours et les aigles, les cigognes noires et blanches, les grues, les grues couronnées, les pélicans, les outardes et bien d'autres encore habitent les maisons, la brousse, les rives du fleuve et les inondations. L'autruche habite l'ouest et le sud.

Parmi les insectes figurent de jolis coléoptères, comme les buprestes aux couleurs métalliques et dorées; les priones, énormes; et des représentants remarquables de la famille des scarabidés.

Les lépidoptères sont peu nombreux et, d'ailleurs, d'espèces peu variées. Les mouches et les moustiques aux bords du fleuve se comptent, par contre, par myriades et fatiguent les hommes et les animaux par leurs piqûres cuisantes ; deux espèces de libellules, l'une grise (hanga-hanga, qui suit), l'autre verte (iblisi-bari, cheval du diable), sont les seules qu'on rencontre fréquemment.

La sauterelle voyageuse fait aussi chaque année une ou plusieurs visites aux environs ; mais, contrairement aux Arabes du désert, les habitants de Tombouctou n'en mangent pas. Les petites sauterelles sont très communes.

Diverses espèces d'araignées, dont une aplatie et une autre velue et grosse, sont venimeuses. Le scorpion jaune de 10 à 15 centimètres de longueur est excessivement commun, même dans les habitations ; il s'y cache dans tous les coins obscurs et dans les moindres trous. Sa piqûre, d'ailleurs, n'a jamais produit ici d'accidents graves.

Les poissons du Niger sont d'espèces très variées et ils forment, avec le mil et le riz, la base de la nourriture de tous les riverains du fleuve et des marigots. Des huîtres grosses et à coquilles garnies de pointes aiguës forment des bancs immenses qui empêchent parfois la navigation.

Les parasites du pays sont, principalement : le ver de Guinée, qui souvent arrive à estropier le malade négligent ; le pou, les vers intestinaux ne manquent pas chez les indigènes ; une sorte de tiques très communes sur les animaux et surtout sur les chiens. La puce est à peu près inconnue.

Les animaux domestiques sont : le chameau (hio) ou dromadaire pour les Arabes et les Touareg ; le cheval (bari) dont les indigènes recommencent à se servir. La crainte d'être dépouillés par les Touareg leur avait fait vendre tous leurs chevaux ; la sécurité que leur procure l'occupation française les a portés à s'en procurer de nouveaux. Le zébu ou bœuf à bosse (yedji et haou) est de deux sortes : le premier est employé comme monture ou bête de somme ; l'âne (farka), petit mais robuste, porte parfois des charges dépassant 100 kilos, depuis Kabara jusqu'à Tombouctou, sur une route très difficile. Le mouton avec ou sans laine, la chèvre, le chien, le chat, le pigeon et les poules avec quelques canards forment la basse-cour.

7º Productions

La région de Tombouctou, comme on l'a vu plus haut, est inondée pendant 7 ou 8 mois de l'année et, par suite, est propre à de belles cultures et à de gras pâturages. Aussi y cultive-t-on le riz sur une grande échelle. On le sème un peu avant la crue, puis, à l'aide de digues habilement disposées, on l'inonde peu à peu. La récolte commence en novembre et se termine en décembre. Les variétés de riz sont nombreuses. Le mil, blanc, noir, gros et petit, est également cultivé dans les terrains peu ou point inondés, ou encore après le retrait des eaux.

Le blé lui-même, bien que de qualité inférieure, réussit admirablement. Et c'est un des grands avantages de cette région de fournir du pain à ses habitants.

A Tombouctou et dans l'Est, particulièrement à Bamba, une des principales récoltes est le tabac. La ville en consomme la plus grande partie; le reste est exporté dans les villages du Sud, du Sud-Ouest et chez les Touareg.

D'immenses troupeaux de bœufs, de moutons et de chèvres, sont élevés par les tribus Targuie et les Foulane.

La gomme blanche et brune de l'Haribanda est, paraît-il, de bonne qualité et sa récolte est abondante.

Les plumes d'autruche et l'ivoire fournissent depuis longtemps un bon produit d'exportation.

Les jardins produisent en outre une énorme quantité de pastèques blanches, jaunes et rouges, quelques melons verts à chair blanche, des courges, des haricots, quelques légumes : choux, navets, oignons, tomates, importés soit par les Arabes, soit par les Européens.

DEUXIÈME PARTIE

GÉOGRAPHIE POLITIQUE

1º Population

Le dernier recensement, fait en 1898, a donné le chiffre de 5.000 habitants pour la population fixe, et la population flottante a été évaluée à 4.000 habitants. Celle-ci comprend les marchands Arabes, Marocains, Tripolitains, Ghadamésiens, des commerçants du Tendouf, du Tadjakant, du Touat, qui tous viennent passer quelques mois chaque année à Tombouctou. Les gens du Sud, Foulbé, Mossi, Bambara, etc., arrivent aussi de leur côté pour échanger les produits de leurs pays respectifs contre ceux du Nord. Aussi, la ville offre-t-elle toujours une animation qu'on ne trouve pas ailleurs. Tous ces étrangers se fixent plus ou moins à Tombouctou, et d'ailleurs les différentes dominations qui s'y sont succédé y ont laissé des traces de leur passage. Tous les types s'y rencontrent, et de leur mélange sont nés des types

composites sans caractères distinctifs. Pourtant
les deux éléments principaux de la population
sont les Soñgoy et les Arma ou Rouma. Les
premiers sont les plus anciens ; ils furent soumis
par les seconds venus du Maroc. Une autre classe,
mais non une race, est celle des Alfa ou savants :
ce sont des gens venus de tous les pays pour
étudier ou enseigner ; ils forment une caste très
influente.

Il va sans dire que la religion du pays est l'isla-
misme, et que tous ses usages, toutes ses coutumes en dérivent. Au point de vue intellectuel,
la ville de Tombouctou est certainement un des
centres les plus importants de la science musulmane au Soudan.

Les écoles, assez nombreuses, sont fréquentées
non seulement par les jeunes gens de la ville,
mais aussi par beaucoup d'étrangers qui, après un
certain séjour à Tombouctou, s'en retournent chez
eux faire part à leurs concitoyens de l'instruction
qu'ils ont reçue.

2º Langue

Chaque race a importé sa langue à Tombouctou ; on y entend le Soñgoy, le Tamachek (langue des Touareg), le Malinké (langue de l'ancienne
Mali ou Melle, aujourd'hui parlée par les gens du

Sud-Ouest du Soudan), le Bambara (des gens du Sud), le Mosi, le Poular (langue des Foulbé), l'Arabe ; mais la langue que l'on peut regarder comme la langue propre du pays est le Soñgoy.

« Elle se parle, en effet, de l'extrémité occidentale
« du lac Faguibine jusqu'à Agadès, dans l'Aïr, et
« des oasis du Sud du Sahara jusqu'à la latitude
« de Djenné et de Say, c'est-à-dire dans toute
« l'étendue de l'ancien empire des Askia. A Tom-
« bouctou et dans le haut de la boucle du Niger,
« on l'appelle Koyra-Tjini (langue de la ville), au
« Sud, Djenné-Tjini (langue de Djenné) ou
« Djerma-Tjini (langue du Djerma) ; ailleurs,
« simplement Soñgoy-Tjini (langue Soñgoy). Le
« Soñgoy n'étant pas une langue écrite, varie
« nécessairement d'une province à l'autre, mais
« il conserve cependant une remarquable unité,
« au point que les habitants de Tombouctou,
« transportés à Say, y conversent sans difficulté
« avec les indigènes. Ce ne sont pas des dialectes
« se rapportant à une commune origine, comme
« les Kassonké, le Malinké et le Bambara, par
« exemple, mais bien une seule langue, compor-
« tant ici et là quelques différences de prononcia-
« tion ». (1)

Quant à la littérature, il est évident qu'il ne

(1) Préface du *Manuel de langue Songoy*, par les R.R. P.P.
Hacquard et Dupuis.

faut pas chercher de documents écrits dans une langue qui, nous l'avons dit, ne s'écrit pas. Mais en consultant les traditions orales, on peut recueillir un certain nombre de poèmes racontant les prouesses des anciens ; comme les luttes des pêcheurs de l'Est avec ceux du Sud-Ouest, personnifiés dans deux hommes — Fono, dans l'Est, et Faram, dans le Sud-Ouest, d'où le nom de Faramkoyra (la ville de Faram) donné à la ville de Saraféré — ou les actions merveilleuses de personnages anciens, non moins extraordinaires ; on trouverait encore quelques énigmes et proverbes.

3° Vêtements, Coiffures, Chaussures, etc.

Le costume des gens de Tombouctou ne diffère guère de celui des habitants des autres contrées du Soudan.

Il se compose, pour les hommes, d'un sibi ou pantalon large, un peu moins ample que le pantalon si connu de nos zouaves : on le taille généralement dans des cotonnades bleues ou blanches ; d'un tilbi, large vêtement ouvert sur les côtés, cousu seulement aux extrémités inférieures, donnant ainsi l'apparence de manches très amples ; ce vêtement est muni d'une poche profonde sur le devant de la poitrine. Les riches portent souvent deux de ces tilbis, l'un blanc, l'autre bleu. Quelques-uns remplacent le tilbi par un autre vêtement nommé messaouria, c'est une sorte de chemise à larges manches. Lorsqu'on porte deux vêtements, la messaouria se met en dessous. La farandja est un vêtement à peu près semblable et se porte de même. Jamais on ne voit un habitant bien mis sans une pièce d'étoffe sur l'épaule. Elle remplace le burnous des indigènes du Nord. C'est le plus souvent un assemblage de bandes de cotonnade indigène blanche, bordées d'une ligne rouge ou de petits rectangles roux. Cette pièce d'étoffe porte le nom de semfiti. Une autre sorte de semfiti, composé de bandes bleu foncé, très étroites, se nomme disa. L'un et l'autre de ces vêtements sont longuement frangés.

Les femmes s'entourent les reins d'une tafe ou pagne de toutes nuances et de tous tissus, depuis l'étoffe grossière du pays jusqu'aux cotonnades d'importation européenne. Le tilbi, orné de soie, leur est commun avec les hommes. Elles portent aussi la saya ou messaouria à longues manches terminées en pointe.

Tous ces vêtements sont plus ou moins ornés de soie rouge, blanche, jaune ou verte, selon la fortune du propriétaire.

La chaussure générale est la chaussure arabe, sorte de pantoufles en cuir jaune pour les hommes,

Kabara, port de Tombouctou

rouge pour les femmes. Celles-ci portent encore d'autres chaussures ornées de soie et à semelle mince. Les riches, lorsqu'ils montent à cheval, portent des bottes rouges ou jaunes. Bon nombre de gens vont pieds-nus, ou chaussés d'une semelle en peau de bœuf attachée aux pieds par des lanières : c'est la tjelambou.

La coiffure ordinaire des hommes est, outre le turban passé sur la bouche, une sorte de bonnet long, presque en pointe, blanc ou bleu, et rappelant notre vulgaire bonnet de coton ; d'autres portent un bonnet grec blanc sous le turban. Les femmes vont la tête nue ou coiffée d'un capuchon noir.

Les hommes se rasent la tête complètement ; mais les jeunes gens et les enfants portent les cheveux différemment coupés, suivant la classe ou la caste à laquelle ils appartiennent. C'est tantôt une ligne étroite de cheveux allant du front à la nuque, comme une crête, tantôt quelques petites touffes, au nombre de trois, quatre ou cinq. Quelquefois ces deux sortes de coupes sont réunies. La première est le djerro, la seconde le djokoti. Quant aux femmes, la disposition de leurs cheveux est plus compliquée. Mais on peut établir, en règle générale, qu'elle se compose pour les jeunes filles jusqu'à 13 ou 14 ans, d'une tresse en fibres de palmier noircies, en queue relevée en arrière. De 14 à 25 ans environ, les jeunes filles portent deux de ces queues, l'une en arrière, l'autre en avant ; celle-ci est enroulée à l'extrémité et un peu abaissée. D'autres fois elles disposent leurs cheveux en trois ou quatre touffes. La tresse supérieure est complètement relevée en arrière et terminée par une bague à chaton triangulaire, en cornaline rouge (korbo-tjirey.)

Le tatouage est inconnu, mais la marque distinctive des gens de Tombouctou consiste en petites cicatrices verticales, longues de 1 centimètre 1/2 environ, à la pointe des deux yeux. Ces marques disparaissent peu à peu. Quelques jeunes filles pourtant se font marquer les joues et le front en deux ou trois lignes.

A cet ensemble du costume s'ajoute, surtout pour les femmes, une foule d'ornements accessoires. Dans la coiffure, ce sont des plaques de métal, d'or, d'argent, de cuivre et même de fer blanc, triangulaires, rectangulaires, carrées, rondes, plus ou moins ouvragées, des coquillages, perles, verroteries, même de petits miroirs, des bandes étroites d'étoffes de toutes couleurs, portées en bandeaux.

Les oreilles, le nez sont percés et ornés de perles et d'anneaux de différentes formes. Des bagues, des bracelets, des anneaux de pieds en cuivre, en argent, en perles complètent ces ornements.

Les hommes ne portent guère que des bagues

et des bracelets en pierre, marbre ou argile, nuancés de vert, blanc ou rouge sur fond noir.

D'autres accessoires du costume sont communs aux deux sexes : le albeyti ou sachet en cuir à plusieurs pochettes, dans lequel on met le tabac, le briquet et l'argent, la pipe en terre au long tube en bois, en os ou en tibia de mouton, ornée de fils de cuivre ou d'argent. Ici, tout le monde fume, hommes, femmes et enfants, et, dans une visite, après les salutations d'usage, on tire toujours sa pipe que l'on fume très rapidement.

Tous portent aussi un nombre plus ou moins grand d'amulettes de toutes formes, en cuir rouge ou jaune.

Les hommes ne sortent guère sans un long bâton orné de rondelles de cuivre.

On rencontre à Tombouctou beaucoup de Touareg (Sourgou). Leur costume leur a fait donner, à juste titre, le nom d'hommes noirs. Ce vêtement se compose d'un pantalon et d'un tilbi en guinée bleu-noir; leur visage est masqué par un turban noir, rabattu sur les yeux et relevé par ailleurs jusque sur le nez. Les guerriers ornent leur tilbi d'une large poche rouge. Ils portent, suspendues au cou, de nombreuses amulettes.

Leurs cheveux, ordinairement très longs, retombent en arrière sur le turban. Les femmes portent une longue robe et un voile également très ample, dont elles s'enveloppent la tête : le tout est noir. Elles portent aussi moins d'ornements, faute de moyens pour se les procurer. Leurs cheveux, partagés au milieu de la tête, pendent en longues torsades, ou sont enroulés sur le derrière de la tête en chignon.

Les esclaves des Touareg portent des vêtements en cuir : les hommes, une longue tunique étroite couvrant les épaules et le corps jusqu'aux genoux. Les femmes portent un jupon de cuir, composé de pièces de différentes couleurs, orné de longues bandelettes à dessins variés.

4° Armes

Tout le monde porte des armes pour sortir de la ville. C'est même, pour certains, de très bon ton de se promener en ville avec une arme. C'est une ancienne habitude prise par crainte des rencontres fâcheuses avec les Touareg, toujours disposés à faire un mauvais coup surtout lorsqu'ils espèrent en tirer quelque profit.

Ces armes sont ordinairement des lances, larges ou étroites, barbelées ou non; un sabre dans un fourreau en cuir suspendu à l'épaule. Parfois on rencontre des gens armés d'un fusil, mais ils sont plus rares.

L'armement des Touareg se compose aussi de lances, au manche en bois ou en fer; de deux sabres, l'un long (takouba) suspendu à l'épaule, l'autre court (telakou) attaché au poignet gauche par un anneau en cuir: l'arme se trouve ainsi fixée le long du bras, la poignée en bas dans le creux de la main. Les mieux équipés portent un bouclier large en cuir blanc, orné d'étoffes de couleur en croix, fixées au cuir par des clous en cuivre ou en fer à large tête.

On voit aussi quelques habitants du Mossi armés d'un arc et d'un carquois contenant une vingtaine de flèches ordinairement empoisonnées.

5o Alimentation

La base de l'alimentation, pour la plus grande partie de la population, est le mil et le riz. La ville elle-même ne produisant que peu ou point de ces céréales, elles sont importées du Djimballa, de Djenné et du Kissou. Des quantités énormes de toutes les variétés de mil et de riz arrivent à Kabara aux mois de novembre et de décembre. L'inondation atteint alors le pied de la dune sur laquelle est bâti le village, et des bateaux, d'un tonnage relativement très fort, peuvent aborder au port. Les barques, faites de planches de roniers ou kaïlcédra, cousues ou clouées, sont chargées jusqu'en haut, et l'on se demande parfois, en les voyant ainsi, comment elles ne sombrent pas plus souvent.

Le blé entre aussi pour une très grande part dans l'alimentation de la classe riche.

Les légumes et les fruits sont à peu près inconnus.

Il faut citer pourtant les pastèques, les tomates, les gombo, la feuille du baobab et la farine de son fruit, les courges, les haricots, les feuilles de l'arroche (djisouma), rappelant l'acidité de l'oseille, qui entrent dans les aliments à titre de condiments avec le beurre de vache ou de brebis, le beurre de karité (boulanga) et différentes épices.

La viande de bœuf, et surtout de mouton et de chèvre, est une des ressources du pays. Les tribus nomades, Arabes ou Touareg, qui parcourent les environs, amènent un grand nombre de ces animaux sur le marché, et on peut se les procurer à un prix relativement très faible.

Autrefois, la chasse permettait aux indigènes de varier plus facilement leur ordinaire ; les lièvres, les gazelles, les antilopes abondent dans les environs. Lors de la conquête française, les armes à feu ayant été confisquées par l'autorité, la chasse est devenue plus difficile. Les Touareg se servent du piège et viennent vendre quelque gibier de temps à autre.

Les poules et les pigeons sont très communs en ville.

Les poissons du Niger seraient encore une ressource, mais l'état sec, ou le plus souvent très avancé dans lequel ils arrivent à Tombouctou, les font repousser des riches; ils constituent cependant un bon appoint pour la classe ouvrière et les pauvres. Il en faut même très peu dans un plat pour l'assaisonner fortement.

La préparation des aliments nécessite plusieurs ustensiles, dont voici les principaux : le mortier et son pilon en bois (tinde et hindje) pour écraser le mil et décortiquer le riz; un foyer en terre (fema); une marmite en terre (hina-kousou) vulgairement appelée canari par les Européens; une autre marmite percée de petits trous (donfo), remplaçant le keskès en herbes tressées des nomades, et que l'on place au-dessus du hina-kousou dans lequel est l'eau ou bouillon destiné à cuire à la vapeur le couscous de blé, de mil ou de riz.

Le blé est écrasé entre deux pierres, l'une grande et fixe (foufou-tondi), l'autre petite (foufou-tondi idjé), qu'on fait glisser à la main sur la première. Ces pierres coûtent 5 à 6 fr.; elles viennent des montagnes du Sud ou du Sahel (Maroc). La farine est blutée dans un tamis à étoffe fine; puis, roulée à la main, elle forme de petits grains ou semoule. La sauce ou bouillon devant assaisonner le couscous

Une case à Kabara

est faite avec de la viande de mouton, de chèvre, de bœuf, de volaille ou avec du poisson. C'est le plat national arabe, mais, comme nous l'avons dit plus haut, il est spécial ici aux riches et aux Arabes; les jours de fête seulement, les plus pauvres peuvent se payer ce luxe.

On fabrique aussi à la main une sorte de vermicelle (kata) employé comme la semoule.

On trouve à Tombouctou et dans les villages voisins des petits pains de froment très bons. La pâte, pétrie dans une large cuvette en terre (lobou--hamfi) avec du levain, est laissée en repos pendant deux ou trois heures, pour lui donner le temps de lever. Ces pains, dont les plus grands ont environ 20 à 25 centimètres de diamètre, sont cuits dans des fours construits en argile et garnis intérieurement de tessons de vases en terre cuite.

Il y a trois repas principaux dans la journée : le tjirkare ou premier déjeuner, vers 8 heures du matin; on y mange les reliefs du repas de la veille, ou du pain trempé dans le beurre et le miel, ou du don, sorte de bouillie claire faite avec de la farine, du mil, du fromage durci et pilé et différentes épices; le tjirkose, vers 2 heures 1/2 après-midi; et le soir, le haourou, vers 9 heures. A ces deux repas, on mange le taso ou couscous. Plusieurs fois dans la journée, les riches boivent le thé. Le café est peu en usage à cause de sa rareté.

La boisson est l'eau (la loi musulmane interdit d'ailleurs l'usage des liqueurs fermentées). Elle est conservée dans des vases en terre, ayant la forme de grosses bonbonnes.

Les moins scrupuleux usent cependant aussi d'une boisson faite avec le mil, le miel ou les tiges du bourgou (koundou-hari); ils savent même pratiquement que cette boisson est plus agréable lorsqu'elle est fermentée.

Enfin, un indigène qui passe une journée sans mâcher la noix de kola est malheureux : il se dit malade. Elle est un cadeau toujours bien reçu; c'est lui qui confirme un marché, une convention, les mariages et toutes les affaires importantes.

Les bouchers préparent aussi de la viande cuite : des brochettes (boundia); des morceaux entiers, épaules ou gigots rôtis; de la viande découpée en lanières (sela); des têtes et des pieds de mouton rôtis; et des djinana, sorte d'andouillettes plus ou moins longues.

Parmi les accessoires de l'alimentation, il faut ranger diverses pâtisseries : les katji, faites de farine de froment et de miel; les fitati, feuilles de pâte cuites à la vapeur; les finta, petits pains de riz cuits dans le beurre de karité; les kolo, haricots pilés et cuits à l'eau; les fourmé, gâteaux de froment cuits au beurre de karité; les nempti, boulettes de mil très pimentées ; les djimita, nempti sucrés au miel, etc.

6° Métiers

Tout le monde a un métier, et ce métier s'exerce de père en fils ; les alfa ou savants, sont tailleurs ; les arma sont cordonniers ; d'autres corporations se partagent la population Soñgoy : les bouchers, les forgerons, les serruriers, les orfèvres, les armuriers, les charpentiers, les menuisiers, les tisserands, les perruquiers, les âniers, les teyfa ou courtiers, les maçons.

Ces diverses corporations ont des chefs ou émirs qui exercent plus ou moins leur autorité sur les membres qui les composent. Mais, sauf pour l'émir des bouchers, leurs droits se réduisent à peu de chose. Celui-ci contrôle la viande vendue au marché et confisque la viande soufflée et celle vendue à un prix plus élevé que celui qu'il a fixé.

Les cordonniers confectionnent différentes sortes de chaussures, des coussins, des sachets, des enveloppes d'amulettes, des fourreaux de sabre, de coutelas et de fusil, etc. Leur travail a parfois une certaine originalité dans les formes et les ornements malgré les instruments primitifs dont ils se servent. Les tailleurs cousent les différentes parties du vêtement ; ils y brodent à la soie des dessins souvent très fins.

Les maçons n'ont d'autres instruments qu'une sorte de pic plat et une petite taloche en bois. Le fil à plomb, ils l'ont dans l'œil aussi bien que la ligne droite ; la truelle leur est inconnue, et cependant ils bâtissent assez droit et leur crépissage est assez régulier.

Les tisserands ont des métiers primitifs : deux ficelles fixées au gros orteil leur servent de pédale ; et cependant leur étroite bande de cotonnade est souvent nuancée de dessins variés et réguliers.

Les orfèvres font des bijoux de tout métal ; ils ne travaillent plus l'or parce que ce métal précieux ne vient plus à Tombouctou comme autrefois, et ils n'ont pas encore réussi à fondre l'or monnayé. L'argent provient des pièces de monnaie, le cuivre arrive du Mossi et du Haoussa. Les nombreuses boîtes de conserves et caisses en fer blanc, jetées à la voirie par les Européens, sont avidement recueillies et transformées en bijoux à bon marché.

Les menuisiers et charpentiers fabriquent des fenêtres ajourées peintes en vert, en jaune, en rouge ; des portes massives ; ils placent les poutrelles des maisons. Leurs seuls instruments sont une herminette à manche court et recourbé qu'on transforme en hachette suivant la circonstance, et un vilebrequin en bois, comme celui des marbriers.

Les forgerons et serruriers reçoivent le fer du Maroc et du Mossi ; ils en font des pioches, des hachettes, des couteaux, des lances, des sabres, de petits ouvrages incrustés de cuivre, des cadenas, des serrures grossières, des clous, etc.

Les armuriers réparent les fusils, encore faut-il qu'ils ne soient pas trop endommagés. Ils remettent des crosses incrustées d'ivoire, d'argent ou de cuivre.

Les âniers font les transports entre Tombouctou et Kabara ; pour eux la saison sèche est la plus productive, ils doivent aller jusqu'à Day ou Koroyomé ; le prix du transport s'augmente d'autant. Ils ont la réputation, méritée d'ailleurs, de soutirer (souti) en route, une partie du mil, du riz (les sacs en feuilles de palmier sont fragiles), du miel (les calebasses sont souvent piquées par les vers), du sel (une charge tombe, la barre se brise et il est impossible d'en retrouver tous les fragments), etc.

Les teyfa ou courtiers vendent sur le marché ou dans les maisons les objets qui leur sont confiés : sel, étoffes, fer, ivoire, même des esclaves. Ils ont le tant pour cent sur le prix convenu avec le propriétaire, sans compter les profits qu'ils retirent en vendant plus cher.

Les perruquiers rasent au coin des rues, devant leurs demeures, sur le marché.

Les teinturiers forment une classe à part. Ce sont en géneral des gens de Sansanding, dans le Sud. Ils teignent les étoffes et le fil à tisser en bleu clair ou foncé, en rouge.

L'enfant ayant atteint 9 ou 10 ans est mis en apprentissage chez un ami, rarement à l'atelier de son père. Il y travaille pour son patron auquel, de temps en temps, sa famille fait un cadeau, jusqu'à ce qu'il sache convenablement son métier. Alors, ou bien il revient travailler chez son père, ou bien, après son mariage, il fonde un atelier à son compte.

Les carrières libérales proprement dites ne comprennent que les cadis, les maîtres d'école et les écrivains publics.

Il y a, à Tombouctou, deux cadis jugeant seulement en matière correctionnelle, depuis que les causes plus importantes sont réservées au commandant du Cercle.

Chaque mosquée possède un Iman chargé de présider la prière publique et de prêcher à la mosquée. Ils sont choisis parmi les alfa les plus renommés par leur science et leurs vertus.

Les écoles sont au nombre d'une vingtaine. D'ailleurs, tout alfa peut, selon son influence et sa réputation, ouvrir une école, enseigner la lecture et l'écriture de la langue arabe, faire apprendre le Coran et l'expliquer. Les maîtres d'école reçoivent de chacun de leurs élèves une rétribution proportionnée à la fortune de leurs parents. Les classes se font généralement le matin à l'aurore, vers trois heures de l'après-midi et le soir vers 9 heures. Les enfants fréquentent donc alternativement l'école et l'atelier, aux heures différentes de la journée. Les élèves se servent de planchettes polies comme chez nous ils se servent d'ardoises; l'encre n'étant qu'un composé d'eau, de gomme et de gousses de mimosa calcinées, s'enlève facilement par un simple lavage à l'eau. Celui qui sait par cœur le Coran est censé avoir terminé ses études; il est l'objet d'une fête dans sa famille et se promène fièrement à travers la ville accompagné de quelques-uns de ses amis. Le maître reçoit alors un cadeau qui consiste généralement en un esclave.

Les écrivains publics transcrivent des ouvrages qu'ils vendent, écrivent les lettres pour les particuliers, fabriquent des amulettes, etc. Ils se servent toujours de la langue arabe; pourtant, ils écrivent parfois en Soñgoy, mais ils emploient encore alors les caractères arabes.

7o La Famille

Comme chez la plupart des peuples musulmans, la polygamie est de règle et l'état de fortune de

Sur le Niger

chacun fixe le nombre de ses femmes. Ils sont pauvres ceux qui n'en ont qu'une. Toutefois, le harem proprement dit, avec cohabitation des femmes dans une même demeure, n'existe pas. Au contraire, chacune d'elles possède une maison particulière où elle vit avec ses enfants.

Le divorce est très commun. Une femme a-t-elle cessé de plaire? Elle est alors négligée dans sa maison, souvent aussi avec ses enfants. Aussi, la famille n'a-t-elle pour ainsi dire aucun lien : les enfants aiment leur mère et craignent leur père; celui-ci est plutôt pour eux un maître qui, du jour au lendemain, peut les abandonner avec leur mère. C'est la conséquence inévitable de ce mariage sans stabilité.

Autour de la famille gravitent les esclaves des deux sexes, dans des conditions diverses, mais souvent assez douces.

Il ne s'agit pas de l'esclave de « traite ». Celui-ci n'est qu'une marchandise de plus ou moins de valeur; il ne fait aucunement partie de la maison; il travaille pour son maître en attendant que celui-ci trouve à le placer pour un bon prix, et ce prix est, à Tombouctou, relativement élevé. Il oscille entre 60 francs pour les jeunes garçons de 8 à 10 ans et 300 francs pour les hommes; entre 100 francs pour les jeunes filles de 8 à 10 ans et 350 et 400 francs pour les jeunes femmes.

Les esclaves achetés pour les besoins de la maison, sont dans une condition meilleure, en ce
sens déjà, que rarement ils sont revendus ; ils
arrivent ainsi à faire, en quelque sorte, partie de
la famille ; souvent même le maître laisse ses esclaves
libres de toutes leurs actions ; ils travaillent ou
commercent pour leur propre compte. C'est la
condition de la plupart des femmes esclaves qui
vendent au marché ; c'est une sorte de libération
tacite. Il arrive souvent, aussi, que le maître prend
une de ses captives pour femme ; mais alors celle-ci
se trouve libérée par le fait. Ses enfants jouiront
des mêmes droits que les enfants des femmes libres.

Habituellement, le maître ne vend pas le fils de
son esclave né dans sa maison ; celui-ci reste de
droit esclave de la famille.

Malgré cette condition, habituellement suppor-
table, le principe de l'esclavage ne peut pourtant
pas être admis ; l'autorité française met peu à peu
des entraves à la liberté de la traite, par de sages
et prudentes mesures. Pour n'en citer qu'une, un
différend surgit-il au sujet d'un esclave vendu à
un arabe étranger, le commandant du Cercle peut
libérer cet esclave ou, du moins, empêcher sa
vente à l'étranger.

8º Commerce

« Tombouctou est le lieu de rencontre de ceux

qui voyagent en pirogue et de ceux qui cheminent à chameau ». Par sa situation géographique, Tombouctou est naturellement le point de jonction où tout arrive et d'où tout part ; c'est le lieu d'échange des différents produits du Soudan avec ceux de la Tripolitaine, de la Tunisie, de l'Algérie, du Maroc et des oasis du désert. Du nord arrivent le sel, les étoffes, le cuir, les armes, la poudre, les verroteries, la coutellerie, le sucre, le thé, les dattes... Du sud, le mil, le riz, le beurre de karité, le miel, la noix de kola, le poisson sec, le fer...

De même qu'il a un métier, tout Tombouctien est commerçant ; depuis la petite vendeuse de pain, de jujubes, de graines de pastèque, jusqu'aux gros commerçants en étoffes, grains, esclaves, tous n'exercent guère leur intelligence que pour calculer le gain possible dans une affaire.

Actuellement, des négociants français et de Saint-Louis sont établis à Tombouctou, y apportant les produits européens ; les indigènes commencent aussi à prendre la voie de Kayes et de Saint-Louis pour leur ravitaillement. Ce commerce fait la concurrence avec la Tripolitaine et le Maroc. C'est au marché que se fait tout le petit commerce, depuis que l'autorité française l'a ainsi ordonné. Autrefois, vendeurs et vendeuses tenaient marché dans les rues, sur les principales places, devant leurs maisons.

Les produits les plus divers y sont exposés; la liste complète en serait trop longue, nous nous contenterons d'indiquer les principaux : mil, blé, riz, graines de pastèques, poules, pigeons, œufs, kola, piment, sel et différentes épices, feuilles et fruits de baobab, gombo, citrons, oignons, ail, fromage séché, lait caillé ou frais, beurre de vache frais ou fondu, beurre de karité, arachides, poissons, diverses pâtisseries (voir: 5° Alimentation), miel, tabac, etc..., verroteries, perles, pendants d'oreilles, bracelets, anneaux de pied, bijoux divers, pipes de différentes formes, etc.; étoffes blanches et de couleur, etc.; chaussures, etc., etc.

L'aspect que présentent tous ces produits, disposés à terre dans des corbeilles ou des calebasses, les pièces d'étoffes, les vêtements suspendus à des cordes ou alignés sur des nattes, est assez pittoresque; le mouvement considérable qui règne autour des étalages, fait du marché la partie de la ville la plus animée.

La plupart des vendeurs sont des femmes; les hommes ne vendent que des étoffes, du sel en gros, de la viande et des chaussures.

Beaucoup de marchandes sont des esclaves; les unes travaillent pour leur maître, mais les autres, et c'est la majorité, vivent du produit de leur trafic, et lorsque, le soir, elles emportent deux ou trois francs, elles n'ont pas perdu leur journée. La vie n'est pas chère, et pour 0 fr. 15 ou 0 fr. 20 centimes, beaucoup se procurent le nécessaire.

Sous le rapport du grand commerce, Tombouctou ne doit être considéré que comme un entrepôt. Là arrive le sel, l'article principal, apporté sur les chameaux des salines de Taoudenni, situées dans le N.-N.-O., à trois semaines de marche environ. Ce qu'on appelle « barres de sel » sont des plaques d'environ 1^m30 cent. de longueur sur 0^m40 à 0^m50 cent. de largeur et 0^m04 à 0^m05 cent. d'épaisseur ; elles pèsent en moyenne 30 kilogrammes et leur prix varie de 15 à 35 francs, selon la qualité, les dimensions, la rareté.

Le transport du sel est le monopole des Bérabich, tribu arabe nomade, ayant son centre à Araouan. Ils vont deux fois par an à Taoudenni, chargent sur leurs chameaux les barres extraites et viennent en caravanes nombreuses les déposer sur la place de Tombouctou.

Là, le sel est échangé contre de l'argent, des étoffes et vêtements indigènes, du mil, du riz et parfois des esclaves. (Disons en passant que le commerce des esclaves vient d'être coupé dans sa racine par l'occupation française du Mosi et des pays environnants. C'est de ces contrées en effet que venait le plus grand nombre de ces malheureux. Peu à peu, cet ignoble commerce disparaîtra faute d'élément). Le négociant de Tombouctou, possesseur d'une certaine quantité de barres de sel, s'en va, à la saison convenable, les revendre dans le Djimballa (Saraféré) et à Djenné. Il revient avec les produits du Sud et il réalise ainsi d'assez gros bénéfices. Tel est, au fond, le genre, la manière de faire pour le grand commerce.

Les plumes d'autruche, la gomme constituent les plus riches articles d'exportation; ce sont les seuls, du reste, qui méritent l'attention du commerçant européen.

Les communications faciles avec la France permettront au commerce de prendre de l'extension. Un courrier régulier est organisé entre Koulikoro et Tombouctou. Il faut aux chalands qui font ce service de 10 à 12 jours pour faire ce trajet. Ils desservent les postes de Ségou, Sansanding, Mopti, Soumpi, El-Oualadji et Tombouctou.

La région est reliée télégraphiquement, depuis quelques mois, avec les autres parties du Soudan. Une ligne partant de Ségou atteint Soumpi; une autre ligne de Soumpi à Goundam et de Goundam à Tombouctou est actuellement en construction.

9° Division du temps, Mesures de longueur, de capacité, de poids, etc.

Nous ne croyons pas pouvoir mieux faire pour

conclure cette première partie, que de donner un aperçu de la manière dont les indigènes divisent le temps, mesurent les distances, etc.

1° DIVISION DU TEMPS

Saisons. — Koufou : à partir du 13 novembre (calendrier Julien), c'est la saison du froid.

Fatafata : à partir du 21 janvier, saison assez douce rappelant le printemps.

Korou : à partir du 5 avril, saison chaude.

Keydia : à partir du 9 juin, saison humide, hivernage.

Le koufou comprend deux petites saisons distinctes : Elliali-korey (les nuits blanches) commençant le 12 décembre, et Elliali-bibi (les nuits noires) s'ouvrant le 1er janvier. De même, le keydia se subdivise : Taoure (époque des fièvres) du 17 août au 27 du même mois; Alhoua, du 27 août au 22 septembre ; enfin, Alojoufour, commençant le 22 septembre.

N. B. — Comme nous l'avons fait remarquer, les indigènes se servent ici du calendrier Julien.

Mois. — Ce sont les mois arabes avec des noms différents; les mois européens ne sont employés que pour indiquer des époques fixes de l'année, comme les saisons :

Sentinelles Touareg

MOIS ARABES	MOIS SONGOY	DURÉE
Moharrem	Dedow	30 jours
Safar.	Dedow keyna	29 jours
Rebi laouel........	Almoudou	30 jours
Rebi ettani...... ..	Almoudou keyna........	29 jours
Djoumada loula	Almadou keyna ou kinkante	30 jours
Djoumada ettania...	Kodaer.	29 jours
Redjeb	Erredjeb.	30 jours
Chaban...........	Tje kouno	29 jours
Ramdhan (jeune) ...	Haome................	30 jours
Choual...........	Fer me......... ...	29 jours
Dou'lquada	Hinandjan	30 jours
Dou'lhidja	Tjibsi	29 jours

Ces mois étant des mois lunaires, ne peuvent correspondre aux mois du calendrier grégorien, qui sont solaires.

Fêtes. — Le 10 de Dedow, anniversaire de la sortie de Noé de l'arche après le déluge, est solennisé par un grand festin durant la nuit du 9 au 10 ; le jour de la fête et pendant les huit jours suivants, on a coutume de demander des étrennes à ses parents et à ses amis originaires du même pays. C'est toujours le plus jeune qui y a droit ; mais si son parent plus âgé ou son ami l'a invité au festin de la nuit, il se trouve dispensé de lui faire un cadeau.

Le 12 Almoudou (Hayndi-Tidji), fête de la naissance de Mohammed. Pendant la nuit, grande prière et grandes réjouissances ; solennité évidemment calquée sur notre fête de Noël.

Le 18 Aïmoudou (Ma), anniversaire de la circoncision du prophète et imposition du nom de Mohammed.

Le 1 Fer me, petite fête, cessation du jeûne.

Le 10 Tjibsi, grande fête ; immolation du mouton. Vers huit heures du matin, tous les hommes se réunissent à l'Est de la ville, auprès du tombeau de l'Alfa-Moya. Là, après quelques prières, l'iman de la grande mosquée (Djingerey-Ber), immole un mouton mâle ; puis, tout le monde se disperse et s'en va immoler, chez soi, le ou les moutons destinés au festin.

La veille de chaque fête a lieu le Hamber (grande viande) ; on prépare la fête en achetant plus de viande que de coutume.

Jours de la semaine. — On les désigne par les noms arabes à peine dénaturés :

Alhaddi (Han), Dimanche (le 1er jour) ;
Attinni   id.   Lundi (le 2e jour) ;
Attalata   id.   Mardi (le 3e jour) ;
Alharba   id.   Mercredi (le 4e jour) ;
Alkamisi   id.   Jeudi (le 5e jour) ;
Aljiouma   id.   Vendredi (la Djemāa ou réunion) ;
Assebdou   id.   Samedi (le Sabbat) ;

Divisions du jour. — Alfedjer (l'aurore) ;

Souba, au lever du soleil ; Addoua, vers 10 heures
du matin ; Djari ou Djari-masou, le milieu du
jour, midi ; Aloula, de 2 à 3 heures, suivant la
saison ; Witjir, de l'aloula au coucher du soleil ;
Fitirow, vers le coucher du soleil ; Safo, vers
9 heures du soir.

2° MESURES DE LONGUEUR

L'évaluation des distances d'un lieu à un autre
se fait au moyen des journées ou des mois de
marche. On mesure la longueur et la largeur des
chambres, des petits espaces, etc., au moyen d'un
pas. Les jardins, les champs, se mesurent au moyen
du Somboy (bâton de cinq coudées).

Les étoffes ont des mesures particulières : Kala
ou Kamba (coudée), le plus souvent mesurée au
bras, et quelquefois à l'aide d'un bâton de 0ᵐ50
à 0ᵐ55 centimètres ; Sômbourousou, mesure fictive
de 27 Kala ; Bahinsa ou Malikal-sahal, ou Merdjaya,
d'une valeur de 40 Kala ; Tôn, de 60 Kala ;
Staroura, de 65 Kala.

3° MESURES DE CAPACITÉ

Pour les matières sèches : blé, riz, mil, etc.,
trois mesures réelles : Moude (environ 1 litre) ;
Sawal (4 moude) ; Tou-djere (1/2 Tou) équivalant

à 10 Sawal. Ces mesures sont creusées dans le bois et marquées d'un signe ou cachet par le cadi. On compte d'ordinaire cinq mesures fictives : Tou (20 Sawal) ; Tou-fo-nda-djere (30 Sawal); Tou-kinka (40 Sawal); Fadda (3 Tou-djere), Sounnou (6 Tou-djere).

Pour les liquides : huile, beurre fondu, miel, etc., la mesure réelle est le Sawal qui vaut environ deux moude et demi.

4° POIDS

On ne pèse guère que les matières précieuses : l'or, l'argent, la soie.

Tous les poids sont en général des pierres plus ou moins grosses, qui ne sont pas marquées par l'autorité, mais vérifiées de temps en temps sur des étalons déposés chez un notable.

Pour l'argent et la soie, ce sont : Noustoumoun (1/16 de l'once); Attoumoun (1/8 de l'once); Arrobo (1/4 de l'once); Wakia-djere (1/2 de l'once); Wakia-arrobo (3/4 de l'once); Wakia (l'once); Moutoukal (2 wakia, mesure fictive); Wakia-kindia (3 wakia) ; Wakia-tatji (4 wakia); etc., Wakia-we-tjinde-tatji (14 wakia); Arratel (15 wakia, la livre).

Pour l'or ce sont : Giratou ou Bani (graine grosse comme un petit pois); Soudou (le 1/16 du moutoukal est de la valeur de 4 bani); Arrobo (le 1/4 du moutoukal ou 6 bani); Toultou (le 1/3 ou 8 bani); Moutoukal-djere (le 1/2 ou 12 bani); Moutoukal-arrobosi (les 3/4 ou 18 bani); Moutoukal (24 bani). Le Moutoukal d'or pèse environ 5 grammes.

Le Wakia d'argent vaut environ 27 gr. 50 centig. ou sept moutoukal d'or moins un toultou. Cent moutoukal d'or font un arratel d'argent, c'est-à-dire une livre ou 500 gr.

5° POINTS CARDINAUX

Djidji ou Diaman : Nord ;
Isa, le fleuve : Sud ;
Weyne-houney ou Altjibla : Est (Levant);
Weyne-kamey : Ouest (Couchant).

Telles sont les appellations usitées à Tombouctou. Le mot Altjibla, qui, en Algérie, désigne le Sud-Est, désigne ici l'Est; en réalité, pour les uns et pour les autres, c'est la direction de La Mecque. Diaman signifie le bord de la mer, c'est-à-dire les côtes du Maroc.

Isa est le nom du Niger, qui se trouve en effet au Sud de Tombouctou. Mais dans la boucle du Niger et dans l'Est du pays Soñgoy, le soleil ne se lève pas dans la direction de La Mecque : Altjibla est dans le Nord-Est, et le Levant reprend son véritable nom : Weyne-houney. De même, sur la rive droite du Niger, le fleuve n'est plus dans la direction du Sud. Mais en prenant pour point de départ la Tjibla musulmane, le Sud se trouve sensiblement sur la droite; de là, l'appellation Kamba-goumo, (à main droite).

10° La région Nord

La ville de Tombouctou est le centre administratif d'une partie du Soudan français dite : « Région Nord ».

Cette région est divisée en trois provinces ou cercles commandés par un officier. Ce sont les cercles de Tombouctou, de Goundam et de Soumpi.

Le cercle de Tombouctou comprend, outre la ville de Tombouctou et de Kabara, avec les villages environnants, le Kissou et l'Aribinda ou Gourma. A l'Est et au Nord le cercle n'est pas limité; il est borné à l'Ouest par le cercle de Goundam et au Sud par le Macina (état gouverné par Aguibou, roi noir, sous la surveillance d'un officier français résident). Les principaux villages sont : Kabara, Koyratao, Mangoulagoungou, Arham, Bourem, etc.

Le cercle de Goundam comprend les provinces de l'Ataram et du Killi. Il est limité à l'Est par le cercle de Tombouctou, au Sud par le Macina, à l'Ouest par le cercle de Soumpi ; au Nord, il n'a pas de limites. Villages principaux : El-Oualidji, Doueytjire, Atta, Ougoukorey, Tendirma...

Le cercle de Soumpi s'étend jusqu'au lac Débo, au Sud ; à l'Est l'Isa-ber lui sert de limite ; à l'Ouest il touche à la région dite du « Sahel » ; enfin, au Nord, il remonte jusqu'au Faguibine et au-delà.

Enfin, prochainement, un nouveau cercle sera établi à Bamba où réside déjà un officier depuis le 28 novembre 1898.

La ville de Tombouctou est gouvernée, sous l'autorité du commandant du cercle, par un chef indigène ou Emir, ou Koyra-koy. Elle est divisée administrativement en quatre quartiers : Djin-gerey-ber, Sarey-keyna, Badjinde, Sankore, ayant chacun un chef secondaire ou chef de quartier.

Les Kounta, les Aal-Sidi-Ali, les Kel-Nkounder, étant en réalité des étrangers à la ville, ont leur chef particulier ; une autre petite fraction d'habitants, les teinturiers, originaires de Sansanding, se gouvernent directement.

Deux cadis rendent la justice selon le droit musulman, et, comme nous l'avons dit plus haut, les causes importantes sont réservées au commandant du cercle.

Une grande Pirogue du Niger

Tribus nomades de la Région

1° *Tribus Targuies*; on en compte cinq principales :

a) Les Tengueriguif qui ont pour chef Chebboum (dit Sobo); ils possèdent des villages de culture aux lacs Daouna, mais leurs campements sont sur la rive droite du fleuve. Ils ont pour vassaux les Imededren campant entre Tombouctou et les lacs de l'Ouest, au nord du marigot de Goundam;

b) Les Kel-Temoulaït, sur la rive droite du fleuve à l'est immédiat de Tombouctou;

c) Les Irregenaten, qui ont pour terrain de parcours l'intérieur de l'Aribinda ou Gourma;

d) Les Igouadaren, qui sont divisés en deux groupes : ceux du Haoussa (rive gauche) et ceux de l'Aribinda (rive droite);

e) Les Ilmidden, dans l'Est, aux environs de Gao (Gogo);

2° *Tribus arabes*, au nombre de six :

a) Les Berabich, qui parcourent les contrées situées entre Taoudenni et Tombouctou;

b) Les Kounta, qui campent sur les deux rives du Niger disséminés parmi les tribus Targuies;

c) Les Tormoy, fraction dissidente de Bérabich, aux environs de Ras-el-ma ;

d) Les Allouch, entre Basikouna et Sokolo ;

e) Les Ousra, entre Ras-el-ma et Araouan ;

f) Les Deylouba, au sud de la route de Basikouna et de Ras-el-ma.

3° *Tribus Iguellad,* en trois groupes principaux :

a) Les Kel-Antasar, au Faguibine et dans l'Est de Tombouctou ;

b) Les Kel-Ncheria et les Kel-Nkounder, au nord du marigot de Goundam ;

c) Les Kel-Aoussa, au Nord et autour du lac Fati ;

4° *Tribus diverses* ; citons : les Cheurfiga, dans le Sud-Ouest de la région ; les Kel-Essouk, répandus parmi les autres tribus ; enfin les Kel-Oulli, sur les rives du Niger entre Immelal et Iloua.

TROISIÈME PARTIE

HISTOIRE

1° Tombouctou depuis sa fondation jusqu'en 1893

Tombouctou n'a été, dans l'origine, qu'un magasin établi par les Touareg parcourant la région et gardé par une vieille esclave du nom de Timbekt. Peu à peu, les villages du bord du fleuve se retirèrent vers l'intérieur et se fixèrent autour de ce centre.

Les gens de Djenné, ville ancienne, vinrent y faire le commerce ; on y bâtit les mosquées de Djingerey-ber et de Sankore.

Un roi du Mali, royaume du Sud-Ouest, s'en empare vers la fin du XIVᵉ siècle, fait construire les minarets des mosquées et un grand palais dont, d'ailleurs, il ne reste aucun vestige.

Mais ensuite, prise et reprise tour à tour par les rois du Mosi, les Touareg, le roi Songoy de Gao

(Gogo), la ville atteint, au XVe siècle et au XVIe, sa plus grande splendeur.

C'est alors que le sultan du Maroc y envoie son armée qui, après plusieurs échecs, se rend maîtresse enfin de Tombouctou.

Les Touareg reviennent à la charge et profitent de l'anarchie causée par les disputes des Arma (Marocains). Ils réduisent la ville en servitude. Puis les Foulbé arrivent avec Cheïkou-Ahmadou, en 1827, et s'emparent de Tombouctou. En 1861, El Hadj Omar, à la tête des Toucouleurs, détruit l'empire de Ahmadou, et Tombouctou retombe au pouvoir des Touareg qui pillent tout, tuent ceux qui leur résistent et entraînent la ruine de la ville. En vain les Kounta, venus au secours des habitants, essayent-ils de contrebalancer l'influence des Touareg; ceux-ci restent les maîtres jusqu'à la conquête française.

2° Les Voyageurs européens à Tombouctou jusqu'en 1893

Le premier Européen qui vint à Tombouctou fut un Français, Paul Imbert, en 1630; pris par les Arabes sur les bords de l'Atlantique à la suite d'un naufrage, il arriva comme esclave à Tombouctou et revint ensuite au Maroc, où il mourut sans avoir rien écrit sur son voyage.

Deux siècles plus tard (1805-1806), l'anglais Mungo Park, dans un second voyage au Soudan, descendit le Niger depuis Sansanding; il eut à lutter plusieurs fois contre les indigènes qui voulaient lui barrer la route et notamment à Kabara. Enfin il parvint jusqu'aux rapides de Boussa, au Sud de Say, où il périt, noyé dans le fleuve, en voulant échapper à une attaque des riverains.

Le major anglais Laing, parti de Tripoli, arriva en août 1826 à Tombouctou, y séjourna quelques jours et mourut à son retour, massacré par les Berabich, entre Tombouctou et Araouan (24 septembre 1826).

En 1828, un Français du département des Deux-Sèvres, René Caillé, débarqua à Sierra-Leone et entreprit son long et périlleux voyage jusqu'à Tombouctou, en passant par Djenné. Il y demeura quelque temps et rentra en France par le Maroc. Il a laissé des notes et des descriptions intéressantes.

Mais le voyageur qui, sans contredit, nous a rapporté le plus de détails sur la ville, ses habitants et son histoire, est l'allemand Barth, qui demeura à Tombouctou du 27 septembre 1853 au 8 mai 1854. Il était venu par la Tripolitaine, le lac Tchad, Sokoto et Say : il dut, à son grand regret, revenir par la même route.

Enfin, un savant autrichien, le docteur Lenz, en 1880, visita Tombouctou, au mois de juillet, pendant près de trois semaines. Il était parti du Maroc et rentra en Europe par Sokoto, Médine et Saint-Louis.

René Caillé

Signalons, pour terminer cet article, deux reconnaissances sur le fleuve, jusqu'aux environs de Tombouctou : le 1er juillet 1887, M. Caron, alors lieutenant de vaisseau, s'embarquait à Koulikoro, à bord du *Niger*, canonnière à vapeur de dix-huit mètres de long sur trois mètres de large. Il parvenait à Kabara le 18 août de la même année.

Deux ans après, le lieutenant de vaisseau Jaime, à bord du *Mage*, autre canonnière de 18 mètres de long sur 2 mètres 70 de large, et l'enseigne de vaisseau Hourst, à bord du *Niger*, partis de Koulikoro le 16 septembre 1889, arrivaient à Mopti le 21 septembre. Laissant là le *Mage*, M. Jaime poussa jusqu'à Koroyome, où il arriva le 3 octobre.

Aucune de ces missions ne réussit à entamer des négociations sérieuses jusqu'à Tombouctou, les Touareg tenant le pays. Mais ils rapportèrent sur l'hydrographie du fleuve des renseignements précieux et intéressants.

3° L'occupation française

1° PRISE DE TOMBOUCTOU

Le 12 avril 1893, le colonel Archinard s'empare de Djenné; quelques jours après, les habitants de cette ville, gênés dans leur commerce, écrivent aux habitants de Tombouctou pour les engager à faire leur soumission aux Français. Djenné et Tombouctou sont sœurs; elles ne peuvent avoir un sort diffé-

Le Niger et le Mage d'après le lieutenant Caron

rent. Yahia Alkaya, fils de Alkaya Bour Ahim (1),
chef de Tombouctou, leur fait répondre que les gens
de Tombouctou seraient heureux de voir les Français dans la ville; mais elle et ses environs sont
au pouvoir des Touareg.

Alors une petite armée, sous les ordres du colonel
Bonnier, éclairée par la flottille du Niger, commandée par le lieutenant de vaisseau Boiteux et
l'enseigne Aube, s'avance vers Tombouctou par le
fleuve, tandis que, par terre, en suivant la rive
gauche du fleuve et des inondations, le colonel
Joffre se dirige vers Goundam.

Cependant les Touareg sont avertis : ils se
portent en masse, avec les gens de la ville qu'ils

(1) Alkaya Bour-Ahim, fils d'un Arma, du nom de Amar,
fut installé chef de Tombouctou par El Hadj Omar; il mourut
en 1884, laissant onze fils : Aliman (qui ne jouit pas de toutes
ses facultés), Yahya, Abdou, Hamdia, Mohammed, Sorno,
Garba, Alassan, Moussoudou, Omar et Kalifa.

Aliman ne pouvant succéder à son père, Yahya devint chef
de la ville. Mais à la suite de sa réponse aux gens de Djenné, il
est déposé par les Touareg (1893). On propose alors à Abdou
de le remplacer ; il refuse (il meurt à Korienza, dans le Djimballa, en 1895).

Hamdia accepte la succession : mais quelques mois après,
le 15 décembre 1893, après avoir traité avec Boiteux pour
l'entrée des Français en ville, il s'enfuit avec ses frères, à
l'exception de Mohammed, Omar et Kalifa. Yahya était parti
le matin du même jour pour Araouan. Ses autres frères restèrent dans le Nord-Est, chez les Berabich, à quelques journées
de Tombouctou.

Vers le mois de mars 1894, tous rentrèrent, à l'exception
de Yahya; mais celui-ci est rentré à son tour en juin 1896.

Mousoudou a suivi les classes, chez les Pères Blancs, en
1895 et 1896. Tous s'occupent aujourd'hui de commerce.

obligent de les accompagner, aux environs de Kabara. Boiteux, ayant arrêté sa flottille aux environs de Day, se présente à Kabara sur l'un de ses chalands. Il est reçu à coups de fusil et par une grêle de lances. Mais un feu de salve suffit à faire, dans cette masse confuse, quelques tués et de nombreux blessés, ce qui la disperse complétement. Les Touareg, d'ailleurs, sont les premiers à fuir. Des pourparlers s'établissent immédiatement entre Boiteux et le chef de la ville, Hamdia. Le 15 décembre, Boiteux arrive sur son chaland jusqu'à Tombouctou. Le lendemain, on signe un traité de paix et le lieutenant entre en ville. Il installe ses canons sur une terrasse et balaie, de là, les environs de Tombouctou où les Touareg essayent à plusieurs reprises de se masser.

Le 25 décembre, l'enseigne de vaisseau Aube veut se rendre à Tombouctou; il est attaqué et massacré en route par les Touareg, au lieu dit « Hourrou Meyra » (1) (faible cri : l'endroit étant assez loin de Kabara et de Tombouctou, aucun appel n'y peut être entendu). Boiteux, cependant, entend la fusillade et, par une vigoureuse sortie, venge Aube, rejette les Touareg en leur tuant une

---

(1) Une croix de bois, à 300 mètres environ de la route actuelle de Kabara à Tombouctou, marque l'endroit où est tombé Aube avec ses compagnons. Leurs corps reposent au cimetière de Kabara, sur une dune à l'est du fort.

quinzaine d'hommes et leur enlevant leurs chameaux.

Quelques jours après le colonel Bonnier (6 janvier) arrivait et s'installait au Sud-Ouest de la
ville, dans les maisons de ce quartier, qu'on con-
vertit immédiat ment en fortin.

L'enseigne de vaisseau Aube

La ville de Tombouctou était prise : quelques
coups de fusil avaient suffi pour mettre en fuite les
Touareg. Les habitants, du reste, n'étaient pas
hostiles, on le sait, mais ils craignaient de se
compromettre aux yeux des Touareg; car, si les

Français échouaient dans leur entreprise et se retiraient, les premiers ne manqueraient pas de leur faire payer cher leur complicité. Ils avaient compris, comme leurs frères de Djenné, que la protection française les délivrerait des entraves nombreuses que mettaient les Touareg à leur commerce et des pillages inévitables qu'ils commettaient chaque jour contre leurs pirogues.

2° PACIFICATION DE LA RÉGION

a) Pacification de l'Ouest : 1894-1897

Combat et désastre de Takoubao

Si Tombouctou est en notre pouvoir, la brousse et le désert sont encore en la puissance des tribus Touareg et Arabes. Il faut les soumettre, et c'est là que va commencer la vraie conquête du pays.

En effet, les Touareg : Tengueriguif, Kel Antasar, et leurs Imrad (tribus serves) rôdent aux environs; ils essayent d'affamer la ville et massacrent tous ceux qui se risquent au dehors. Il faut les éloigner. Donnant à peine une journée de repos à ses hommes, le colonel Bonnier part en reconnaissance avec une compagnie de tirailleurs soudanais et un peloton d'une autre compagnie. Il rencontre les Touareg le 14 janvier, les disperse et

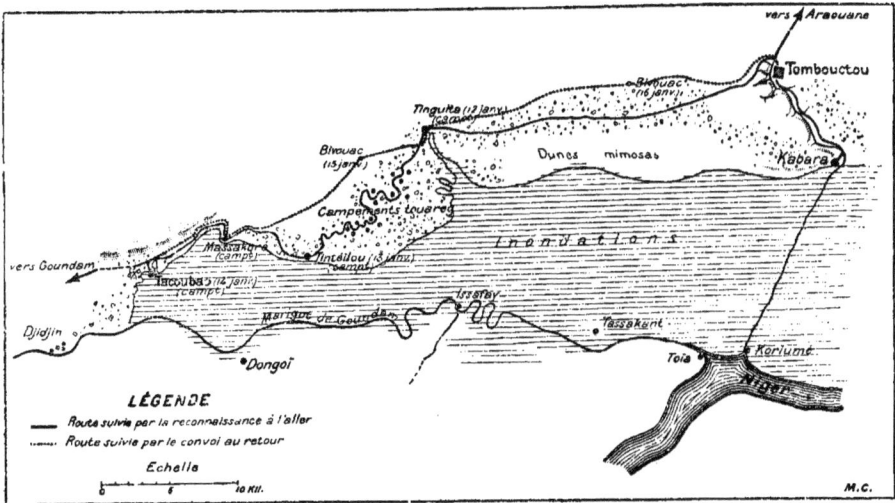

vers Araouane

Tombouctou

Bivouac
(16 janv.)

Tinguka (12 janv.)
(camp)

Bivouac
(13 janv.)

Dunes   mimosas

Kabara

Campements touareg

I n o n d a t i o n s

vers Goundam

Massakori
(campt)

Tintaïlou (14 janv.)
camp)

Tacouba (11 janv.)
(campt)

Marigot de Goureïta

Irsafay

Tassakant

Djidjin

Dongoï

Toïa

Koriume

NIGER

LÉGENDE

——— Route suivie par la reconnaissance à l'aller

.... Route suivie par le convoi au retour

Echelle

0   5   10 Kil.

M.C.

Itinéraire du Colonel Bonnier (de Tombouctou à Takoubao)

leur inflige des pertes sérieuses. Mais, la nuit survenant, à la faveur des ténèbres les Touareg se rapprochent : ils cernent le camp établi dans

Campement de Takoubao

une clairière, au lieu dit « Takoubao ». A quatre
heures du matin, au signal donné, tous se jettent
à la fois sur les sentinelles. Les tirailleurs, engourdis
par le froid et la fatigue de la veille, sont massa-

Le Colonel Bonnier

crés sans merci et sans qu'ils aient eu le temps de
se reconnaître. Le colonel Bonnier lui-même et
presque tous les officiers sont tués, malgré une
résistance énergique ; mais, contre le nombre ils
ne pouvaient lutter longtemps. Les Touareg s'en
vont avec les armes et les dépouilles des morts.

La nouvelle de ce désastre jette la consternation dans Tombouctou, et le capitaine d'infanterie resté à la garde de la ville prend ses mesures pour se garantir de toute attaque. Mais les Touareg n'osent s'aventurer à la portée des canons du fort.

Arrivée du colonel Joffre

Pendant ce temps, la colonne de terre s'avance à marches forcées, au milieu de mille difficultés de tous genres, à travers les terrains inondés de la rive gauche du Niger, contournant des lacs immenses, non soupçonnés. Elle arrive enfin le 24 janvier à Goundam. Le colonel Joffre y apprend la triste nouvelle du désastre. Les difficultés de la route ne sont pas finies : le marigot de Goundam est profond et large ; les barques manquent. Malgré toutes les recherches, il faut retourner en arrière, jusqu'à 40 kilomètres, pour en trouver quelques-unes.

Enfin, le 8 février, la colonne atteint le champ de bataille de « Takoubao ». Le colonel fait recueillir les restes de Bonnier et de ses compagnons pour les emporter.

Le 12 février, la colonne entre à Tombouctou et, le lendemain, les restes des victimes sont inhumés, avec tous les honneurs, auprès du fort auquel on donne le nom de fort « Bonnier ».

Réorganisation de la ville

Pendant quelques jours, le colonel Joffre organise la défense de la ville, règle les rapports des habitants avec l'autorité française. Les 22 et 24 février, les notables sont assemblés pour élire un chef. Yahya avait été déposé par les Touareg et s'était enfui à Araouan; son frère Hamdia, après avoir traité avec Boiteux, s'était enfui dans le Nord. Alfa-Seïdou est donc élu et installé. Il est encore en fonctions en ce moment.

Premières colonnes

Le colonel Joffre avait laissé une garnison à Goundam, car il fallait surveiller la région. Les Kel-Antasar et les autres Iguellad occupaient les bords des lacs Télé et Faguibine; les Tengueriguif campaient dans le Kissou et le Killi; les Irregenaten sur les rives du fleuve.

Dans les premiers jours de mars, le capitaine Gautheron est envoyé, avec une quarantaine d'hommes, au secours des habitants de Koura menacés par les Irregenaten. Il leur brûle trois campements, détruit leurs barques et retrouve dans le butin plusieurs objets pris à Takoubao.

Le 18 mars, une colonne quittant Tombouctou avec le colonel Joffre, se dirige vers le lac Fati où l'on a signalé la présence des Tengueriguif. Une partie de la garnison de Goundam, sous les ordres du capitaine de spahis Prost, doit combiner son action avec celle de Tombouctou.

Le Colonel Joffre

A Koyratao, où il arrive le 20, le colonel Joffre détache, vers le Sud-Ouest, le capitaine Gautheron pour prendre les Touareg par le flanc et leur couper la retraite. Le capitaine Gautheron rencontre ceux-ci à Daoure, les surprend et les rejette sur le centre de la colonne. Celle-ci, laissant ses chalands à la garde de Boiteux, s'élance à leur poursuite. A ce même moment, le capitaine Prost les rencontre, complète la défaite et les disperse dans toutes les directions.

Cent-vingt Touareg sont restés sur le champ de bataille, 10 fusils, un revolver provenant de Takoubao, 50 chevaux, 30 chameaux, 800 moutons et 400 bœufs sont tombés, ce jour-là, aux mains des Français.

L'effet de cette reconnaissance ne se fit pas attendre : les Cherfa, les Imededren et leur chef Mohamed-Ould-Toulame, les Kel-N'Cheria, les Kel-N'Kounder font leur soumission ; le 25 mars, tous les villages du Killi se soumettent ainsi que le chef du Fitouka (28 mars).

De retour à Tombouctou, le colonel doit courir au secours des gens de Donga, pillés par les Irregenaten (21 avril). Ceux-ci s'enfuient dans l'Est jusqu'à Aghelal où le colonel leur fait une trentaine de prisonniers.

Colonnes contre les Iguellad

Pendant ce temps, à Goundam on ne reste pas inactif. Les Kel-Antasar infestent les environs, viennent au commencement d'avril voler les troupeaux en tuant les bergers. Le lieutenant Frantz les poursuit (10 avril) jusqu'à Karao-Kamba, avec 50 tirailleurs et 20 spahis, leur tue 9 hommes et rentre à Goundam avec 17 prisonniers.

C'est alors que Loudagh (Alouda), frère de N'Gounna, chef des Kel-Antasar, demande la paix. N'Gounna, mécontent de cette défection, essaye de soulever les Irregenaten et les Igouadaren. Ceux-ci refusent, mais N'Gounna vient piller le village de Dongoy. Le capitaine Laperrine, des spahis, court à sa poursuite et parvient à reprendre le butin fait à Dongoy (27 et 28 mai), à Sakenebaga, où il trouve les campements des fuyards.

Dans la nuit des 8 et 9 juin, les Iguellad pillent, au Sud de Goundam, le village de Ougoukoure. Le capitaine Gérard part immédiatement et se dirige vers le Fati, laissant le lieutenant indigène Sadioka sur les traces des pillards, à 4 kilomètres seulement de Goundam. Les Iguellad paraissent alors et rencontrent Sadioka, qui les reçoit comme il convient. A ce moment, le capitaine Gérard revient et disperse l'ennemi qui laisse 45 morts sur la place.

Colonne contre les Kel-Temoulaït

Le 20 juin, cinquante Kel-Temoulaït traversent le Niger, à Bellesao, et attaquent les Berabich à quelques kilomètres Nord-Est de Kabara, leur tuent 10 hommes et prennent leurs troupeaux. Le capitaine Puypéroux est envoyé aussitôt à leur

poursuite. Le 27 juin, il traverse le fleuve à Bellesao
et trouve les Kel-Temoulaït en fuite ; il les poursuit
jusqu'à Aghelal, leur tue 16 hommes et fait
100 prisonniers.

Dès lors, les Tengueriguif, les Irregenaten et
les Kel-Temoulaït envoient demander la paix qui
sera définitivement conclue le 6 septembre suivant.

La pacification de l'Ouest a fait ainsi un grand
pas ; désormais nous n'avons plus qu'un ennemi
de ce côté. C'est contre lui que seront dirigées
toutes les reconnaissances.

Une action combinée des troupes de terre et de
la flottille du Niger, autour du lac Faguibine,
devra empêcher les Touareg d'approcher de l'eau
et, partant, de s'approvisionner facilement et d'a-
breuver leurs troupeaux. Tel est le plan proposé
par le colonel Joffre et dont il laisse l'exécution
au commandant Ebener. Quant à lui, il quitte
Tombouctou le 10 juillet.

Mais une instruction de M. Grodet, gouverneur
du Soudan, datée du 11 avril, interdisant toute
action militaire qui, sans autorisation préalable,
serait faite autrement que pour repousser une
agression manifeste, vient jeter le trouble dans
l'exécution de ce plan.

Cette décision, liant les mains au commandant,
donne toute liberté aux Kel-Antasar qui, d'ailleurs,

ne manqueront pas d'en profiter, comme on va le
voir.

L'inaction forcée

A peine les pillards se sont-ils aperçus que leurs
brigandages restaient impunis, qu'ils se risquent
jusque sur la route de Kabara et sur celle de
Goundam. On est alors contraint de donner une
escorte de tirailleurs et de spahis aux nombreux
habitants qui, chaque jour, vont et viennent de
Tombouctou à Kabara, pour les intérêts de leur
commerce. Cette situation devient intolérable, et
devant les observations du commandant de région,
M. le Gouverneur, par un arrêté du 17 décembre,
permet de faire des reconnaissances entre Goundam
et Tombouctou. Cette situation restera la même
jusqu'à l'arrivée du colonel de Trentinian, à la
tête de la colonie. N'Gounna s'est allié aux Tormoz
et aux Allouch; leurs gens viennent aux environs
de Tombouctou, en quête d'un bon coup à faire.

Le 20 mars 1895, le lieutenant de spahis Potin
se rend à Kabara avec quelques hommes, est
assailli à mi-route et grièvement blessé à la tête ;
un spahi est tué à ses côtés.

Le 16 janvier, les pillards sont à Goundam où
ils enlèvent les troupeaux. M. Robbe, capitaine
d'artillerie de marine, commandant le cercle,

envoie à leur poursuite le lieutenant Jacobi qui, à Djindjin, rejoint les troupeaux et les reprend.

Cependant le commandant Ebener, qui vient d'être nommé lieutenant-colonel, quitte Tombouctou ; un mois après arrive le chef de bataillon Réjou (26 juillet), pour prendre le commandement de la région. A la même époque aussi, le colonel-gouverneur envoie l'ordre de poursuivre chez eux les Kel-Antasar et autres tribus non soumises.

Une nouvelle ère commence, ou plutôt on reprend la suite interrompue des opérations de l'année précédente. L'œuvre de la pacification va être poursuivie par une suite de reconnaissances dans l'Ouest.

Combat de Farach

Le 1er août, le capitaine Florentin part de Goundam, en même temps que de Tombouctou des renforts lui sont envoyés à Elmasara où il les rejoint le 3. Le lendemain la colonne est au Faguibine, au pied de la montagne de Farach. On y construit un camp avec des épines, et, le surlendemain, les troupes se dirigent vers le col d'Imemella, en passant à l'Est de Farach, où la vigie a signalé l'ennemi. Mais, à l'approche des Français, les Touareg se sont réfugiés dans les

rochers. Au col d'Imemella la colonne trouve les
traces d'un récent campement et s'empare des
troupeaux. Pendant le retour à Farach, sur les
bords du lac, les Touareg essayent, par deux fois,
de s'opposer à la marche de la colonne.

Quelques feux de salve tuent une vingtaine
d'hommes et rejettent les autres dans la montagne.

Le même jour la colonne est rendue de nouveau
au camp de la veille. Des mesures de prudence
sont prises pour passer la nuit. Les Kel-Antasar
rôdent aux environs, cherchant l'occasion de re-
nouveler l'échec de Tacoubao. Les prévisions du
capitaine Florentin ne sont pas déçues et ses pré-
cautions ne sont pas superflues.

A 4 heures du matin, les Touareg se jettent
sur le camp; mais une double haie les arrête et
le feu des tirailleurs les frappe à bout portant.
Les assaillants montrent tant d'acharnement que
plusieurs d'entre eux, ayant réussi à faire une
trouée, sont tués dans l'intérieur de l'enceinte.
Enfin, après une heure de combat et plusieurs
assauts sur divers points, les Touareg se replient
sur la montagne. On compte alors environ 40
Kel-Antasar tués, dont plusieurs de race.

Aussitôt la colonne se met en marche vers
Goundam. Ce fut un retour lent et pénible : il
fallait ramener un fort troupeau et surveiller con-
tinuellement les environs afin d'être prêts à de

nouvelles attaques. Enfin, après avoir ainsi marché toute la journée, la reconnaissance rentrait le soir à Goundam.

L'Affaire d'Amadia

Revenons à Tombouctou. Le soir du 4 août, on apprend en ville que, vers les 4 heures, deux indigènes, attardés sur la route de Kabara après le passage de l'escorte journalière, ont été massacrés au dernier pli de terrain qui précède la ville. Trois patrouilles fouillent inutilement la brousse pendant une partie de la nuit. Le lendemain, 5 août, deux cadavres sont relevés sur la route de Goundam. Il n'y a plus de doute, l'ennemi n'est pas loin ; d'ailleurs on apprend, le 8 au matin, que N'Gounna en personne s'est dirigé sur le village de Tassa-kant, à 20 kilomètres de Tombouctou.

Le lieutenant Gouraud envoyé contre lui fait la rencontre, à 6 kilomètres au Sud-Ouest au pied de la dune d'Amadia, d'un parti d'Iguellad fort d'une centaine d'hommes. Deux de ceux-ci sont tués, 5 ou 6 blessés et le reste dispersé.

La ville terrorisée par l'audace des pillards a besoin d'être rassurée. Les têtes des deux Iguellad tués sont exposées sur le marché.

Les habitants les reconnaissent comme celles de

deux insignes brigands auxquels bon nombre d'entre eux ont eu à reprocher quelque acte de pillage. Ils témoignent leur satisfaction et leur reconnaissance par des chants et des danses qui durent une bonne partie de la nuit.

Les premières reconnaissances sur Tahakimt

Le 17 août, le capitaine Imbert, des spahis, avec 50 tirailleurs et 33 spahis de Tombouctou, se dirige d'abord sur Elmasara, pour y recevoir 23 tirailleurs et 34 spahis venus de Goundam pour se joindre à sa troupe.

Le 20, la colonne est à Farach; le même soir, à Imemella, et le 21 elle arrive à Tahakimt, au Nord du lac Faguibine; mais les campements des Kel-Antasar sont vides. N'Gounna, averti à temps par le Berbouch (sing. de Bérabich) Si Mokhtar Ould Khalifa, a fui, abandonnant ses tentes. On trouva dans le butin des tapis, des livres; il y avait 22 volumes dont plusieurs d'une splendide écriture : corans, livres de sortilèges, traités de tactique à l'usage des Sourgou (Touareg); une vraie bibliothèque appropriée à la situation de N'Gounna. Ce fut un succès incomplet, mais ce fut un succès.

Toutefois, il faut punir Si Mokhtar campé sur la route d'Araouan. Le capitaine Rouget, de l'infanterie de marine, est chargé de cette besogne. Il part en toute hâte, le matin du 23 août; mais la mauvaise volonté des guides le fait arriver trop tard. Si Mokhtar a eu le temps de fuir, en laissant en arrière ses troupeaux qui sont ramenés à Tombouctou.

Ces différentes reconnaissances amènent les Gouanin, fraction des Bérabich, à faire définitivement leur soumission.

Toutefois il ne faut pas laisser à N'Gounna le temps de se reconnaître, et par des visites rapides et imprévues on arrivera, peut-être, à le saisir. Du 8 au 14 septembre, les capitaines Imbert et Florentin occupent Tahakimt.

Cependant Loudagh (Alouda) a fait défection; il s'est joint à son frère N'Gounna. Le capitaine Rouget repart aussitôt le 30 septembre avec les troupes de Tombouctou et de Goundam. Il pousse vivement jusqu'à Tahakimt, y détruit les récoltes des Kel-Antasar et s'empare de quelques esclaves. Par des pointes rapides vers Ras-el-ma où Liennenn s'est retiré, il parvient à lui tuer 8 hommes, à en blesser 2, à faire 3 prisonniers et à prendre 28 chameaux. Il rentre à Tombouctou le 13 octobre. Ces résultats peuvent paraître mesquins, mais il faut se rappeler que la guerre en ce pays est toute différente d'une guerre en Europe. L'ennemi, bien que parfois assez nombreux, ne combat pas en ligne de bataille; c'est une guerre de partisans où les isolés agissent sans ordre et sans ensemble; les poursuites ne peuvent se faire que sur quelques individus en particulier.

Mort du lieutenant des spahis Bérar à Taaraïet, 6 octobre 1895 (1)

On aurait pu croire que ces leçons répétées allaient déterminer les Kel-Antasar à abandonner la lutte et à respecter les villages qui se sont mis sous notre protectorat; il n'en est rien, et N'Gounna ne paraît pas disposé à se soumettre encore. Les membres notables de la tribu désireraient au contraire, pour la plupart, la paix avec nous, et Ould-Mehemmed, chef des Bérabich, a, à plusieurs reprises, conseillé N'Gounna de cesser une résistance qui, tôt ou tard, sera fatale pour lui.

C'est pour répondre à une nouvelle attaque soudaine de N'Gounna que le lieutenant Bérar était parti en reconnaissance avec quelques spahis. Dans la nuit du 5 au 6 octobre on apprit, à Tombouctou, que les Kel-Antasar venaient de

(1) Nous extrayons ce récit d'une brochure intitulée : *Les Kel-Antasar ; la mort du lieutenant Berar*, par M. Regelsperger, Docteur en droit, 1896.

piller, sur la route de Goundam, un campement ami et d'enlever 3.500 moutons ; la bande comptait 70 fantassins Touareg et une vingtaine de cavaliers. M. Imbert, commandant militaire, partit avec le lieutenant Bérar et 25 spahis, pour poursuivre les pillards; il fit appuyer en arrière sa troupe par 40 tirailleurs qui partirent une heure après.

Ainsi qu'on l'a appris par une lettre du capitaine Imbert, commandant le 2me escadron des spahis soudanais, le détachement qui poursuivait l'ennemi depuis 2 heures du matin l'atteignit vers 7 heures et demie, à Taaraïet, à 45 kilomètres au Nord-Ouest de Tombouctou. Les Touareg, à cheval eux aussi, fuyaient à toute vitesse, par petits groupes, dans toutes les directions, selon leur tactique habituelle. L'un de ces groupes étant passé à portée de l'avant-garde que commandait le lieutenant Bérar, celui-ci, entraîné par son ardeur, s'élança dessus, de toute la vitesse de son excellent cheval. L'un des Touareg étant tombé à terre après avoir esquivé son coup de sabre, le vaillant officier revint sur lui; mais, avant de l'aborder, il reçut un violent coup de lance qui lui traversa le corps et le jeta à bas de son cheval. Au moment où le malheureux Bérar tombait ainsi, le Touareg se précipita sur lui, l'atteignit à l'épaule d'un coup de sabre, et il allait sauter sur le cheval de

l'officier, quand un des spahis lui fendit la tête.
Le lieutenant était blessé à mort. Epuisé par
l'hémorragie, il ne souffrait pas et se croyait légè-
rement atteint. Les spahis le placèrent sur un
brancard que l'on fit à la hâte. Mais bientôt
l'agonie commença et il expira à 8 heures 1/2 du
matin, 30 à 40 minutes après avoir été atteint.
On enveloppa son corps de couvertures, pour le
protéger contre l'épouvantable chaleur qu'il faisait
alors.

Malgré la distance, malgré les difficultés, le
capitaine Imbert n'hésita pas à ramener le corps
de son camarade d'armes, afin de lui assurer une
sépulture. Ce fut un pénible et douloureux retour.

« La gravité de la situation, écrivait M. Imbert,
à cette distance, sans eau, avec 3.500 moutons à
reconduire et à garder contre les retours offensifs,
avec 6 spahis seulement avec moi en état de
combattre, les autres portant le brancard, un
blessé indisponible (1) et une dizaine conduisant
les moutons, tout cela était une distraction contre
l'impression douloureuse que m'avait produite le
combat et sa fin tragique. Un ennemi moins
éreinté n'aurait fait de nous qu'une bouchée ; mais
il était si bien démoralisé que l'on en trouva
beaucoup morts de soif, les jours suivants ».

La nouvelle de la mort du lieutenant Bérar

(1) L'un des spahis avait, en effet, été blessé.

parvint à Tombouctou dans la soirée et y causa une très vive émotion. Vers 9 heures du soir arrivait à toute bride le maréchal des logis Sanchez-Torres venant demander des secours ; la colonne croyant trouver de l'eau à un certain endroit, n'y découvrit qu'une mare desséchée ; les hommes n'ont plus une goutte d'eau et la soif commence à se faire sentir très vive ; déjà plusieurs sont tombés le long du sentier, n'ayant plus la force de continuer la route.

Immédiatement un petit convoi d'eau et de vivres court à la recherche de la colonne. Celle-ci est de plus en plus démoralisée, malgré les efforts de ses chefs, eux aussi très éprouvés. Pourtant des feux de salve tirés par le convoi de secours, sous les ordres de M. Ben-Saïd, interprète militaire, rassemblent les tirailleurs égarés.

En entendant ces coups de fusil, le commandant Réjou envoie aux renseignements le capitaine Meyer, avec quelques spahis ; alors tout s'explique et l'on atteint la colonne pour l'après-midi.

Vers 5 heures du soir, elle arrive enfin, avec le corps du malheureux lieutenant. « Il (1) a été inhumé dans le cimetière de Tombouctou, avec les honneurs dus aux braves, et les prières des Pères Blancs. Il repose à la troisième rangée, la

(1) Même source que plus haut.

deuxième en venant du Nord, près de M. Duplat, vétérinaire, décédé aussi dans le courant de 1895. Le colonel Bonnier et les morts de Takoubao occupent la première rangée ».

Fondation des postes de Soumpi, de Ras-el-ma, etc

Le gros village de Soumpi, auprès du lac de ce nom, sur la rive gauche de l'Isa-Ber, position intermédiaire entre Sokolo et Goundam, était tout indiqué pour l'établissement d'un poste et d'un cercle reliant les deux régions de Nioro et de Tombouctou, délimitant notre ligne douanière du désert. Aussi, dès que cette fondation fut décidée, on s'occupa des préparatifs nécessaires : approvisionnements, garnison, etc.

La compagnie de tirailleurs du lieutenant Sagols fut désignée comme garnison, et celui-ci devait prendre le commandement du Cercle.

Pour que la prise de possession fut bien établie aux yeux des indigènes, et la route de Goundam à Soumpi plus sûrement reconnue, une autre compagnie, sous les ordres du lieutenant Mouriès, une trentaine de spahis avec le capitaine Imbert et deux pièces de 80 de montagne, accompagnèrent le commandant de la Région.

La colonne ainsi composée quitta Tombouctou le 7 novembre; et, après quelques jours passés à Goundam pour l'organisation du nouveau poste, le commandant Réjou arrivait le 19 à Soumpi. Il y resta jusqu'au 22 du même mois, et le 27 il était de retour à Goundam.

Pendant ce temps, pour opérer une diversion, le 16 novembre une reconnaissance conduite par le capitaine Florentin, le lieutenant Michet et le lieutenant des spahis de Lastic, va faire le tour des lacs Télé-Faguibine et Daouna. Elle rencontre plusieurs groupes de Kel-Antasar qu'elle poursuit, en leur tuant 5 hommes, faisant 22 prisonniers, prenant 7 chevaux, 50 ânes et environ 1.500 moutons. Elle rentre à Goundam le 25 novembre. Le commandant Réjou résolut d'en finir avec les Kel-Antasar, avant de reprendre la route de Tombouctou. La colonne marchera lentement et sera accompagnée par des chalands chargés du ravitaillement.

Elle quitte Goundam le 2 décembre. Durant cette reconnaissance le lieutenant de spahis Mourouzi, de la famille royale de Grèce, fut blessé, à peu près dans les mêmes circonstances que le lieutenant Bérar; heureusement, la blessure fut assez légère et M. Mourouzi put poursuivre la route en chaland. La colonne rentra à Tombouctou le 15. — Elle eut pour résultat de séparer définitivement

Loudagh de son frère N'Gounna et de l'amener à faire de nouveau sa soumission. Il vint en personne à Tombouctou le 23 suivant. Quant à N'Gounna, il s'est réfugié chez ses alliés les Tormoz et les Allouch.

L'année 1895 se termine donc par la pacification, on peut dire, presque complète de l'Ouest. Sans doute nos ennemis risqueront encore quelques apparitions autour du lac Faguibine ; mais la vigueur et la rapidité de nos reconnaissances les ont déconcertés.

L'année 1896 ne fut remarquable dans l'Ouest, que par l'occupation de Ras-el-ma, au mois de mai. Pendant quelques semaines un poste d'observation fut établi à Tahakimt : Gasa, des Daouna, reçut pendant quelques temps une garnison de cavaliers garde-frontière ; puis ce fut l'occupation de Néré.

Cependant le commandant Dagneaud avait succédé au mois de mai au commandant Réjou, parti en mars. Il fit aussitôt la visite de la Région. Elle était calme. M. le Colonel-Gouverneur de Trentinian (1) voulut se rendre compte par lui-même de l'état de la Région Nord. Il visita Tombouctou, Goundam, Soumpi, en février. A Goundam, Chebboun (sobo), chef (aménoukal) des Tengue-

(1) Aujourd'hui général.

riguif, vint lui-même trouver le gouverneur et faire entre ses mains sa soumission définitive. Il revint aussi, en mai, à Tombouctou, conférer avec le Commandant de la Région. Ce jour-là, il y eut un grand mouvement en ville, pour voir l'ancien oppresseur devenu le simple sujet des Français. Les habitants sont fiers désormais; ils traitent de haut ces Tengueriguif, qui les faisaient trembler, il y a deux ans. Ceux-ci s'en plaignent; il faut tout acheter et au comptant, alors que, jadis, sous prétexte d'impôts à percevoir, ils se procuraient à peu de frais, tout ce qu'ils désiraient. Les temps sont changés.

Ce fut aussi le 22 janvier de cette même année (1896), que partit de Tombouctou la misson hydrographique du Niger, sous les ordres de M. Hourst, lieutenant de vaisseau (1). Elle avait pour but de descendre le fleuve jusqu'à son embouchure et d'en relever géographiquement le cours. On sait comment, en 1897, elle rentra en France, après avoir mené à bonne fin son entreprise au milieu de mille dangers vaillamment affrontés.

Au commencement de l'année 1899, notre sphère d'action allait s'étendre encore et atteindre la ville de Basikouna.

(1) Les membres de la mission étaient, outre le chef M. Hourst : MM. Baudry, enseigne de vaisseau; Taburet, docteur; Bluzet, lieutenant d'infanterie de marine; le R. P. Hacquard, des Pères Blancs, missionnaire à Tombouctou.

Ce fut le lieutenant d'infanterie de marine, M. Wirth, qui, parti de Ras-el-ma en reconnaissance contre une troupe d'Allouch et entraîné par la poursuite, arriva jusque sous les murs de la ville. Il donna l'assaut et, malgré une certaine résistance, il réussit, avec sa poignée d'hommes, à y pénétrer et à s'y maintenir. Il fallait renforcer une si faible garnison et lui porter vivres et munitions.

Le capitaine Laperrine, avec quelques spahis et quelques tirailleurs, fut chargé de ce ravitaillement. C'était encore un pas de plus fait dans le Désert, et l'occupation de Basikouna refoulait au loin les tribus turbulentes qui parcouraient cette contrée.

b) Pacification de l'Est : 1896-1899

Combat d'Akenken : 16 mars 1896

Pendant que se terminait et se complétait la pacification de l'Ouest de la Région Nord, l'Est allait commencer à nous occuper ; et ce sont deux étrangers qui déterminèrent, deux ans plus tard, notre occupation réelle de cette contrée.

Les Hoggar, tribu puissante occupant les massifs du Ahaggar, dans le Nord-Est de Tombouctou, vinrent, en mars 1896, piller les tribus voisines,

7

Berabich et Gouanin, soumises à la France. Le
15 mars, unis aux Kounta dissidents de la rive
gauche, ils razzièrent, à 6 kilomètres de la ville,
les troupeaux des Gouanin. A 9 heures du matin,
ceux-ci surprenaient et faisaient prisonniers quelques Hoggar abreuvant leurs chameaux à une
mare. A 2 heures après-midi, Mohamed-Ould-
Haïma, chef des Gouanin, accourait à Kabara, de
toute la vitesse de son mehari et complétement
armé en guerre. Il y rencontrait le commandant
Réjou se préparant à quitter la région et le pré-
venait de la proximité du rezzou Hoggar.

Ordre est immédiatement donné au capitaine
Laperrine et au lieutenant Maillaud, de partir à sa
rencontre. A 3 heures, la reconnaissance est prête;
un goum d'auxiliaires Gouanin à mehara accom-
pagne et guide. La marche fut rapide; à 5 heures,
on était sur la trace des Hoggar qui s'enfuyaient,
et à 7 heures les spahis doivent s'arrêter pour
attendre l'infanterie. Celle-ci s'est égarée, dans
l'obscurité, et a perdu les traces de l'avant-garde.
Le capitaine Laperrine envoie quelques hommes
fouiller les environs et apprend ainsi que les
Hoggar sont campés à Akenken, très près de lui.
Cependant, le jour va se lever et, s'il continue à
attendre, il va être découvert et perdre ainsi tout
l'avantage de l'offensive. Le capitaine donne l'ordre
de se porter en avant et de fondre sur l'ennemi.

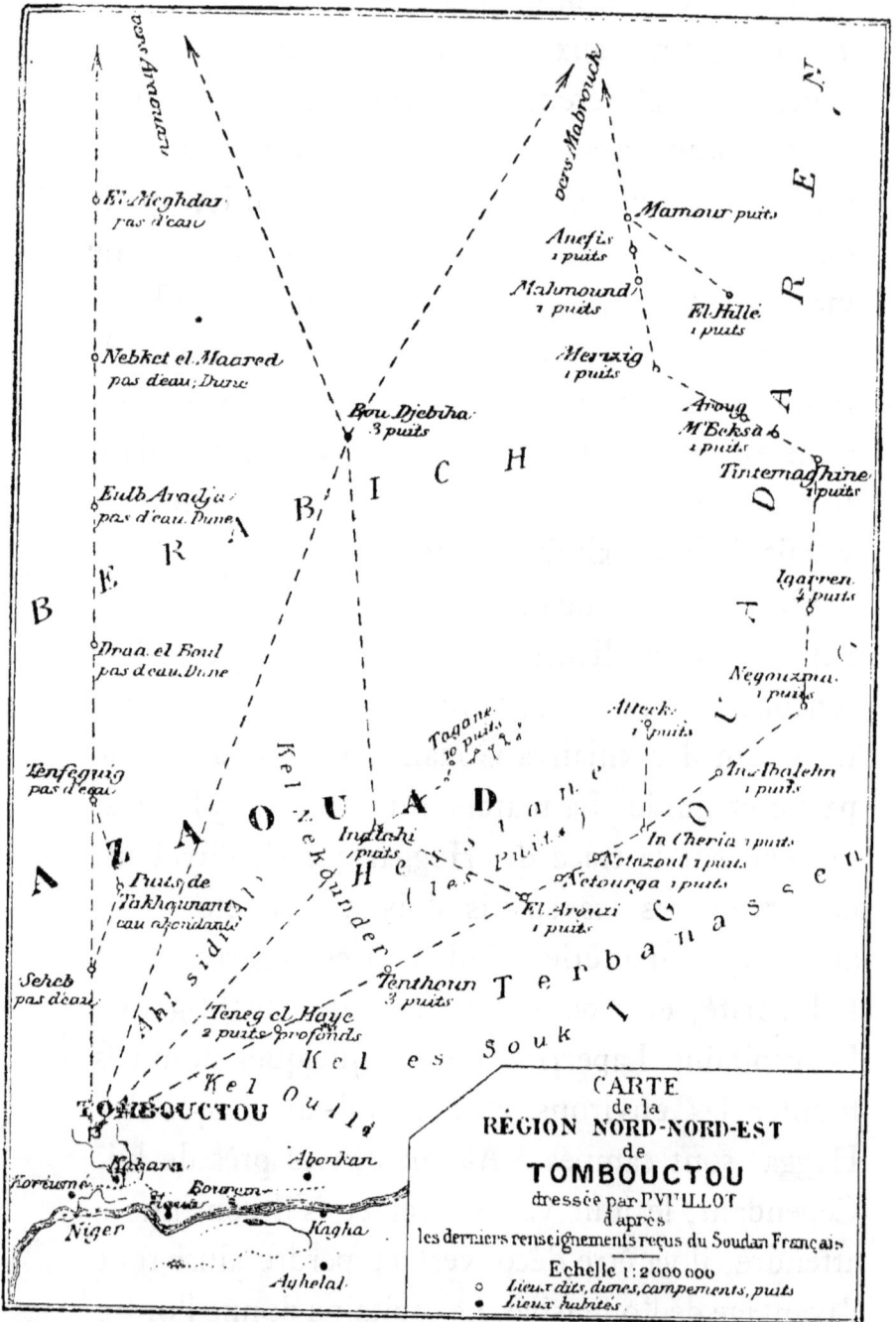

CARTE
de la
RÉGION NORD-NORD-EST
de
TOMBOUCTOU
dressée par P. VUILLOT
d'après
les derniers renseignements reçus du Soudan Français

Echelle 1 : 2 000 000

○ Lieux dits, dunes, campements, puits
● Lieux habités

Quelques instants après, le camp était enlevé et l'ennemi en déroute s'enfuyait, abandonnant tout. Une vingtaine de Touareg restaient sur le champ de bataille ; le butin fut considérable : 57 chameaux, des objets de campement, tentes, tapis, des armes, etc. L'infanterie rejoignit les spahis revenant de la poursuite et, tous ensemble, rentrèrent à Tombouctou le surlendemain.

La conduite vaillante des auxiliaires, pénétrant les premiers dans le camp ennemi, montre quel parti on pourrait tirer de Touareg alliés, surtout quand l'espoir du butin anime leur courage.

Soumission de Sakhawi, fin mars 1896

Quelques jours après l'affaire d'Akenken, le capitaine Colein, de l'infanterie de marine, pousse sur le fleuve jusqu'à Rherho et reçoit la soumission de toutes les tribus Targuies riveraines. Sakhawi, chef des Igouadaren, de la rive droite, lui remet son sabre pour confirmer sa soumission et sa fidélité à la foi jurée. Nous verrons ce qu'il faut penser de la parole d'un Touareg et des musulmans en général.

Les incursions des Hoggar, avril 1896
au 19 juin 1897

Le 21 avril 1896, le bruit se répand que les Hoggar veulent venger leur échec du 16 mars. On les attend de pied ferme ; ils ne viennent pas. Le 5 juin, nouvelle alerte : les troupes sont sous les armes, prêtes à marcher au premier signal ; on en est encore quitte pour attendre. Ces alertes, non suivies d'effet, se renouvellent l'année suivante le 2 février et le 15 mars.

Sur ces entrefaites, un nouveau commandant de région arrive ; M. le chef de bataillon Goldschen (1) vient remplacer M. Dagneaud.

Les Hoggar sont toujours aux environs ; on apprend dans le courant d'avril qu'ils ont pillé nos alliés, les Ahal-Sidi-Ali ; une compagnie part aussitôt pour les venger ; mais elle revient sans avoir trouvé l'ennemi qui s'est retiré dans ses dunes arides.

Désastre de Séréri

Il n'en faut pas douter pourtant, l'ennemi est là ; il nous épie et attend l'occasion. N'Gounna et

(1) Aujourd'hui Lieutenant-Colonel.

Abidin n'ont-ils pas à réparer, l'un ses différents échecs sur les bords du Faguibine et la perte de ses terrains de culture et de pâturage, l'autre son échec à Kabara, lors de l'arrivée de Boiteux, et la mort d'un des membres de sa famille à Akenken. Aussi, personne ne fut étonné, lorsque, au milieu de juin 1897, on apprit l'approche d'un fort rezzou, suivant les rives du fleuve et se dirigeant vers Kabara et le Kissou.

En ce moment, M. le commandant de la région visite l'Ouest. M. Ransier, capitaine, commandant le cercle de Tombouctou, envoie une compagnie de tirailleurs et 40 spahis (commandés par le lieutenant de La Tour de Saint-Igest, les maréchaux des logis Sale, Maiessal et de Libran), pour reconnaître la vérité de ces bruits et rapporter des renseignements sûrs. La colonne partit le 18 juin. Le 19 au matin elle se trouvait à environ 40 kilomètres de Tombouctou, dans le voisinage du rezzou. Les spahis, envoyés en reconnaissance, s'avancèrent le long du fleuve sans rien découvrir de suspect : les Touareg les laissèrent passer, et, lorsqu'ils jugèrent opportun, ils se jetèrent tous à la fois sur la petite troupe qui se trouva cernée de tous côtés. L'ennemi était en nombre : il fut estimé par les survivants à 800 hommes environ, dont 200 cavaliers montés sur des chevaux ou des chameaux et 600 fantassins. Il n'y avait plus de chance

de salut pour les spahis que dans une charge
vigoureuse pour forcer le cercle des assaillants. M.
de La Tour charge le premier à la tête de son
peloton. Il tombe, noyé dans les flots de l'ennemi,
aucun de ses hommes n'échappe. Le deuxième
peloton s'élance alors avec M. de Chévigné : il a le
même sort que le premier; toutefois, quelques
hommes restent en selle et, avec eux, M. de Chévigné, le corps percé de plusieurs lances. Le maréchal des logis de Libran court au secours de son
lieutenant, avec le troisième peloton; il réussit à
forcer la ligne ennemie et emmène M. de Chévigné.
Mais bientôt le malheureux lieutenant, affaibli par
le sang qu'il a perdu, tombe pour ne plus se relever. Il ne faut pas songer à emporter les morts; la
poursuite est acharnée. Enfin, les Touareg, abandonnant la dizaine de spahis échappés, se rabattent
comme des vautours sur les morts et sur les
mourants qu'ils dépouillent de leurs vêtements et
de leurs armes. Les échappés du massacre, presque
tous blessés, entre autres M. de Libran, rejoignent
la compagnie de tirailleurs qui, vu la distance,
n'avait pu venir au secours de la cavalerie. Tous
reviennent sur Tombouctou, en bon ordre, mais
rapidement. L'ennemi, enhardi par le succès,
pourrait les poursuivre et changer la retraite en
déroute. Il est plus prudent de l'éviter. Le soir
même, la reconnaissance rentrait en ville. Pendant

trois jours la garnison reste sur le qui-vive. Les Touareg se sont avancés jusqu'à 6 kilomètres de Kabara; ils ont pillé les villages de Houa, Hondougondô, Djeygalia et enlevé leurs habitants. Les Sorbo (piroguiers) de Koroyomé n'ont pas même échappé. Kabara et le village de Liberté se sont réfugiés à Tombouctou. Abidin envoie alors son ultimatum au capitaine Pansier, « crois ou meurs ». Mais dans l'après-midi du 23, comme par un effet de la Providence, le courrier arrive à Koroyome dévasté. A l'aspect de la chéchia rouge d'un tirailleur venant de Ségou, les Touareg prennent peur; ils croient probablement à l'arrivée de renforts et s'enfuient. Ainsi se termine cette sorte de siège.

Transfert des restes des victimes de Séréri et leur inhumation à Tombouctou

Le 3 juillet, le commandant Goldschen, averti, rentra en hâte de sa tournée. Son premier soin fut de préparer une colonne pour aller venger, s'il était possible, les malheureux tombés à Séréri. Le 10, la colonne, forte de 250 hommes, partit, en suivant le fleuve, sous la conduite du commandant lui-même; elle comprenait 200 tirailleurs, 40 spahis et quelques canonniers. Des bateaux avaient été aménagés et chargés des provisions indispensables pour la route. On avait annoncé que, de ce côté de Roherho, après s'être divisés sans doute à cause du partage du butin, les Touareg s'étaient de nouveau réunis. On pouvait donc espérer avoir avec eux une rencontre; mais on connaissait aussi leurs habitudes. Ce ne sont pas des hommes avec lesquels on puisse se mesurer dans la plaine; ils ne combattent que par surprise, se cachent pour reparaître et fondre sur l'ennemi, pour s'enfuir aussitôt.

A 50 kilomètres de Tombouctou, on arriva au lieu de cette lutte qui avait été si meurtrière pour nous. Tout près de là, on saisit deux espions sans doute envoyés par l'ennemi pour surveiller notre marche. Ils avaient assisté à l'affaire du 19 juin. Ils furent interrogés et on eut les plus amples détails sur les divers incidents du combat. Ils reconnurent le maréchal des logis de Libran, au milieu d'un groupe de sous-officiers de spahis. — On retrouva les corps de MM. de Chévigné et de La Tour et des deux maréchaux des logis tombés à leur côté. On les recueillit dans des caisses préparées à cet effet. Hélas, déjà le soleil et les animaux avaient exercé sur eux leurs ravages. Il y avait à peine quinze jours que ces événements s'étaient passés et on ne retrouvait déjà plus que quelques ossements blanchis,

Mais l'ennemi ne parut pas. Néanmoins, il ne fallait pas revenir sans avoir infligé un châtiment aux coupables et à leurs complices. Deux villages, Kano et Mentjiri, tributaires des Kel-Temoulaït, qui avaient pris part au combat, furent brûlés et leurs habitants amenés à Tombouctou d'où on les envoya au lac Fati, au Sud de Goundam. En soulevant les tributaires et les esclaves, on punissait les maîtres, car on les privait de leurs pourvoyeurs de mil et surtout de riz.

Déjà un service funèbre avait été célébré, après la disparition des Touareg, à l'intention des victimes de Séréri. Mais maintenant que nous étions en possession de leurs restes, il était juste d'en célébrer un autre, et plus solennel encore, avant de les confier à la terre. Il fut donc arrêté qu'on ferait une nouvelle cérémonie, le 3 août, avant d'inhumer la dépouille de tous ces braves. Au jour fixé, toutes les troupes étaient consignées pour la cérémonie : tirailleurs, spahis et artilleurs, c'est-à-dire environ 300 hommes. Les quatre cercueils étaient placés au centre de la cour du fort Bonnier; des couronnes et des branches de palmier les recouvraient à moitié, sur le drapeau de la patrie pour laquelle ils étaient morts. A deux pas de là se tenaient, en grand uniforme, le commandant, les officiers d'état-major et les officiers de la garnison. Les prières de la levée du corps terminées, les clairons commencèrent une marche funèbre qui alternait avec les chants liturgiques. On se dirigea vers l'église de la mission des Pères-Blancs; les troupes formaient une haie d'honneur et la population, presque toute entière, s'était massée sur le passage et semblait étonnée de voir un tel appareil en face de la mort. Bientôt commencèrent les prières du Saint-Sacrifice. La messe dite, le canon donnait le signal et le convoi se mettait en marche vers le cimetière. Là, après l'absoute, M. le lieutenant de spahis Courtois (aujourd'hui capi-taine), rappela en termes émus le passé glorieux des quatre braves qui venaient de mourir. Main-tenant une petite croix de bois, sur laquelle on a écrit leurs noms, indique l'endroit où ils reposent en attendant qu'un monument plus digne d'eux leur soit élevé.

Arrivée de renforts. — Nouvelle colonne

Cependant, à Kayes on avait cru la situation beaucoup plus grave. Le capitaine Millet (aujour-d'hui chef de bataillon), arrivait avec une compagnie; quelques jours après, les troupes de Nioro venaient sous les ordres de M. Klobb, chef d'escadron d'artillerie de marine. On en profita pour faire dans l'Est une forte reconnaissance. Elle partit dans les premiers jours d'août. Elle emmenait 500 hommes et deux pièces d'artillerie. Pendant qu'une partie, commandée par M. Klobb, suivait à pied la rive du fleuve, l'autre s'était embarquée sur les chalands et était placée sous la conduite de M. Goldschen. Elle fut absente pendant 16 à 17 jours, alla jusqu'à Bamba, sur le fleuve, mais, cette fois encore, ne rencontra pas l'ennemi qu'elle cherchait. Toutefois elle s'empara de 93 esclaves et des troupeaux de Sakhavi, Amenoukal (chef) des Igouadaren de l'Aribinda, qui avait fait cause commune avec Abidin et les Hoggar.

A son retour, le commandant Klobb retourna à Nioro, siège de son commandement.

Milice de Tombouctou. — Combat de Gourdjigay

Devant l'insuffisance des troupes pour la garde de la ville, dans le cas d'une forte colonne à fournir, et aussi pour inspirer plus de confiance aux habitants de Tombouctou, on organisa, avec les gens de la ville, une sorte de milice. A certains jours, les engagés vont au fort Bonnier recevoir l'instruction militaire. Ils sont environ une centaine. Après les débuts, toujours difficiles, d'une pareille formation sur des gens aussi peu guerriers, on parvint enfin à leur inculquer quelques principes, et aujourd'hui cette milice manœuvre passablement; elle est même assez remarquable au tir.

Mais le commandant Goldschen, comprenant qu'il ne faut pas laisser les Touareg se reformer et reprendre l'offensive, décida de faire encore une démonstration dans l'Est. Il laissa la ville à la garde de la milice et d'un certain nombre de recrues venues de Djenné, et il partit le 8 novembre. Le 23, un courrier apportait la nouvelle d'une rencontre sérieuse avec les Touareg. La colonne marchait prudemment en carré; tout à coup elle fut assaillie, à Gourdjigay, par de nombreux cavaliers qui l'attaquèrent avec acharnement. Mais le sang-froid de nos tirailleurs et l'énergie de nos officiers repoussèrent victorieusement l'ennemi. Puis, prenant l'offensive à son tour, la colonne poursuivit assez loin les Touareg. Le canon-revolver mit complètement le désordre dans la retraite de l'ennemi. On lui tua 35 à 40 hommes et l'on prit de nombreux troupeaux. Nous n'eûmes, de notre côté, qu'un homme en patrouille tué en se repliant sur le carré. La colonne ne rentra que le 3 décembre. Au retour on eut à déplorer la mort de l'adjudant Bécane; il mourut noyé en voulant gagner à la nage un autre chaland, le sien étant

sur le point de sombrer. Son corps fut inhumé à
Bamba où, quelques mois plus tard, on établira
un poste.

Ce fut la dernière colonne commandée par
M. Goldschen; il allait rentrer en France à son
tour. Le 29 décembre, le commandant Klobb,
connu déjà dans notre région, venait en prendre
le commandement.

Les croisières sur le fleuve

Depuis cette dernière colonne, on avait organisé
une flottille chargée de surveiller le fleuve. Elle
se portait partout où elle soupçonnait la présence
des Touareg, partout où les villages réclamaient
ses secours. Elle fut d'abord sous les ordres du
commandant Millet. Dans ces croisières il eut
plusieurs fois l'occasion de montrer aux pillards
qu'on ne les oubliait pas; le canon leur rappelait
sa présence.

En quittant son poste pour rentrer en France,
M. Millet remit le commandement de la flottille
au lieutenant d'infanterie, M. Delestre. En juin,
M. Klobb alla encore pousser une pointe chez nos
ennemis. Il parvint à Bourem, au-delà de Torsay
et s'empara d'un fort campement Touareg. Il prit
environ 200 ânes, plusieurs centaines de bœufs

et quelques milliers de moutons. Une vingtaine
de femmes Targuies furent amenées en otages à
Tombouctou. Elles devront servir à décider
Sakhawi à traiter sérieusement avec les Français.

Combat de Zenka

La colonne toutefois n'était pas encore rentrée
que déjà Abidin recommençait ses tristes exploits.
Mais la flottille était là : M. Delestre veillait. Il
se trouvait à Guimina-Koyra lorsque, un jour,
faisant une ronde de police sur la rive gauche avec
40 soldats indigènes, il est surpris, aux environs
de Zenka, par un fort rezzou. Immédiatement, le
lieutenant arrête sa troupe, la forme en carré et
attend de pied ferme l'assaut de l'ennemi. Celui-ci
est nombreux : 700 hommes environ, dont 300
cavaliers, 100 chameliers et 300 fantassins. La
situation est grave, et il faut le courage du chef, le
calme et la confiance de ses hommes pour réussir
à mettre en fuite les assaillants.

Ils arrivent au galop, fondent sur le carré de
tous côtés à la fois ; mais les feux de salve les ar-
rêtent court ; et, après plusieurs charges aussi
infructueuses dans lesquelles 10 des leurs furent
tués, 11 chevaux et 13 chameaux restèrent sur le

champ de bataille, les Touareg se dispersèrent. Le lieutenant, ébranlant son carré, se porta à la poursuite des fuyards. C'étaient des Kounta d'Abidin, des Igouadaren de Sakib et de Sakhawi. Ce beau fait d'armes eu lieu le 24 juin.

Combat de Dongoy

Un mois après, 24 juillet, le lieutenant Delestre ayant appris, à Guimina-Koyra, qu'Abidin et ses alliés s'étaient emparés du village de Inzammen et avaient emmené environ 120 personnes, femmes et jeunes enfants, des ânes, des troupeaux, et qu'ils ont évidemment l'intention de repasser sur la rive gauche avec leur butin, envoie en conséquence un détachement composé de 17 hommes et d'un sergent indigène au gué de Saléa. Lui-même se dirige avec le lieutenant indigène Diam-Diaye et 36 hommes vers l'autre gué de Dongoy. L'ennemi, en effet, se prépare à passer le fleuve en ce dernier point. Les tirailleurs, dissimulés derrière les dunes de la rive, laissent les Touareg s'engager dans le gué. Alors, des feux de salve bien dirigés accueillent les pillards. Ils commencent à perdre l'assurance et se débandent. Les tirailleurs se portent alors au pas de course sur les captifs enchaînés par le cou en groupes de sept à huit, les délivrent et reprennent tout le butin volé. Le lieutenant Diam-Diaye poursuit de son côté Abidin lui-même qui se sauve en essayant de rallier son monde. Une partie des Touareg s'enfuit rapidement vers Saléa. Les fuyards ne s'attendaient pas à y être reçus par des coups de fusil. Alors, sans espoir de traverser le fleuve, ils s'enfuient vers l'intérieur, en perdant quelques chameaux et leurs prises. Les gens d'Izammen sont alors reconduits, avec leurs biens, sous la protection du canon du bateau le *Niger* commandé par un sergent français.

Beaucoup d'autres faits de ce genre, sans être aussi éclatants, se produisirent souvent, pendant ces croisières de police. C'est donc les mêmes circonstances et les mêmes escarmouches que dans les reconnaissances de l'Ouest. Il faudra que nous occupions le pays par des postes permanents, si nous voulons pacifier cette région.

Bamba

Le 28 novembre 1898, le poste de Bamba était officiellement fondé par le lieutenant d'infanterie, M. Meynier, et désormais les relations entre Tombouctou et ce point seront de tous les jours : convois de ravitaillement, mouvements de troupes,

8

échanges de courriers, etc. ; le fleuve est sillonné
en tous sens par nos embarcations. Quelques-unes,
comme le *Niger* et le *Lespiau*, sont de fortes
barques armées de canons. Nous avons un pied
dans l'Est et un point d'appui pour nos futures
opérations. Enfin, le vœu des habitants de cette
région est réalisé. Depuis deux ans déjà, les gens
de Bamba nous réclamaient et demandaient notre
établissement chez eux, afin de les protéger contre
les continuelles vexations des Touareg.

La mission Voulet. Le poste de Gao

Tandis que, vers le Sud, nos explorateurs
s'avancent vers le lac Tchad en partant de nos pos-
sessions du Congo, d'autres essaient de s'y rendre
par l'Ouest. Le 6 mai 1898, le capitaine Cazemajou
et son interprète, M. Olive, sont massacrés à
Zinder, à mi-chemin entre le Niger et le Tchad.

Pour les venger et reprendre leur œuvre, une
nouvelle mission s'organise aussitôt sous les ordres
de M. Voulet, capitaine d'infanterie de marine,
déjà connu par la conquête du Mossi, en 1896-1897.
Cette fois, la mission de pénétration est en force :
elle emmène environ 300 hommes.

Le 4 novembre, le capitaine Voulet arrive à

Tombouctou avec une partie de ses troupes; l'autre partie s'avance par terre avec Sinder et Say, par Bandiagara, sous les ordres du capitaine de cavalerie M. Chanoine. Les troupes de Tombouctou devant accompagner quelque part la mission, elles en profiteront pour fonder un poste à Gao, en territoire Oulmidden. Sinder sera de même occupé par les troupes de Say. Ainsi le Niger, dans toute sa partie française, sera désormais entre nos mains.

Pendant quinze jours, la mission s'organise définitivement et s'approvisionne à Tombouctou. Enfin, le 19 novembre elle quitte la ville avec le lieutenant-colonel Klobb.

Le 4 décembre, la colonne entrait à Gao, n'ayant eu à résister qu'à un faible parti de Touareg auquel elle enleva du reste les troupeaux.

Mort de N'Gounna, 7 novembre 1898

Les Kel-Antasar, de l'Est, comprenant que nos desseins étaient de nous fixer dans cette partie de la région et d'y recommencer, s'il le fallait, les luttes de l'Ouest, jugèrent plus prudent de demander la paix. Mohammed Ould N'Gounna, (fils de N'Gounn.), et Landagh (son frère) finirent même par décider N'Gounna de venir en personne faire sa soumission à Tombouctou.

Celui-ci vint donc à Imemella, dans les derniers jours d'octobre, mais, hésitant encore, il envoya au commandant de la région une lettre dans laquelle il lui demandait de lui envoyer tel ou tel habitant notable de la ville pour traiter avec lui.

Le colonel lui envoya un officier, M. le lieutenant Gressard, avec quelques hommes.

M. Gressard trouva N'Gounna au lieu indiqué; il eut avec lui plusieurs conversations et le persuada de venir avec lui, à Tombouctou. En route, N'Gounna prit peur et essaya de devancer le groupe. Plusieurs fois averti de marcher avec son fils et son frère en compagnie du lieutenant, il partit de nouveau, au trot de son chameau et, cette fois, son intention était manifeste : il fuyait. Alors, un feu de salve l'arrêta; il tomba percé de plusieurs balles.

Ainsi périt cet implacable ennemi qui n'avait cessé d'exciter contre nous les tribus Targuies de la région. On lui attribue même une grande part dans les attaques successives de l'année dernière, dans l'Est.

Le 9 novembre, Landagh et Mohammed Ould N'Gounna sont venus à Tombouctou pour s'entendre sur les conditions de la paix avec le lieutenant-colonel.

———

TABLE

PREMIÈRE PARTIE

Géographie Physique

DEUXIÈME PARTIE

Géographie Politique

TROISIÈME PARTIE

Histoire

Pacification de la région Ouest (1894-1897) :

Pacification de la région Est (1896-1899)

Tonnerre. — Imp. Bailly